AF389822

PREMIÈRE PÉRIODE

DE

L'HISTOIRE DE L'HÔPITAL-BEAULIEU DE L'ORDRE DE SAINT-JEAN
DE JÉRUSALEM (1235—1360).

VIE

DE

SAINTE FLORE OU FLEUR

VIERGE DE L'ORDRE DE SAINT-JEAN DE JÉRUSALEM,

A L'HÔPITAL-BEAULIEU, EN QUERCY, AUJOURD'HUI L'HÔPITAL-
ISSENDOLUS, DIOCÈSE DE CAHORS (LOT),

Dédiée à Monseigneur **GRIMARDIAS**
Evêque de Cahors.

2e Édition.

PAR

L'Abbé Cyprien LACARRIÈRE

Curé d'Issendolus.

TOULOUSE.

IMPRIMERIE TROYES OUVRIERS-RÉUNIS,
RUE SAINT-PANTALÉON, 3.
1871.

Ruines de l'Hôpital-Beaulieu. — Vue des Cloîtres.

Lettre de Monseigneur Grimardias, évêque de Cahors à l'auteur.

Evêché de Cahors.   Cahors, le 13 décembre 1868.

Mon cher Curé,

M. Blaviel m'avait déjà parlé de la deuxième édition de votre *Vie de sainte Flore*, qu'il examine et à laquelle il donne l'approbation. Pour moi, j'accepte avec grand plaisir la dédicace que vous voulez me faire de ce travail, et je le bénis de grand cœur ainsi que celui qui emploie si bien les loisirs que la Providence lui donne.

Recevez l'assurance de mon dévouement le plus affectueux,

† PIERRE, évêque de Cahors.

Lettre de l'auteur à Monseigneur Grimardias, évêque de Cahors.

Monseigneur,

Dieu a béni le diocèse de Cahors, en ajoutant un nouvel anneau à la chaîne d'or de ses pontifes. Je n'entreprendrai pas, Monseigneur, l'éloge des hautes qualités que tout le monde admire ; je craindrais de vous déplaire. Connaissant votre bienveillante indulgence, je viens déposer à vos pieds le fruit de dix années de recherches et d'études. J'ai interrogé les pierres, aujourd'hui éparses, d'un antique monastère : sous le lierre et la mousse qui couvraient des écussons brisés, j'ai lu des noms saints et illustres. Grâce à Votre Grandeur, le plus beau de tous ces noms s'est relevé de l'oubli ; c'est à vous, Monseigneur, que la vierge Fleur doit le rang distingué que désormais elle occupera dans notre liturgie. J'ai cru, Monseigneur, que Dieu bénirait mon travail, si vous daignez l'approuver, le bénir et en agréer l'hommage.

J'ai l'honneur d'être, avec un profond respect,

Monseigneur,

de Votre Grandeur,

le très-humble et très-obéissant serviteur,

Cy. LACARRIÈRE, Curé d'Issendolus

Issendolus, le 5 décembre 1868.

Lettre de Monseigneur Dupanloup, évêque d'Orléans, à l'auteur de la Vie de Sainte Flore.

La Seine (Var), 1er janvier 1867.

Monsieur le Curé,

Je suis loin d'Orléans, obligé de donner des soins à ma santé ; mais je me ferai un grand plaisir, à mon retour à Orléans, de lire votre écrit, dont le sujet seul m'intéresse à l'avance. Faisons la vie des Saints, Monsieur le Curé ; surtout, soyons des saints nous-mêmes pour l'édification du monde et le bien des âmes. Je vous remercie bien sincèrement de votre bonne pensée à mon sujet. Je bénis de tout mon cœur votre œuvre et son auteur, et je me recommande à vos prières.

Votre bien dévoué en N. S.,

† F., év. d'Orléans.

Lettre de Monseigneur Pie, évêque de Poitiers, à l'auteur.

Evêché de Poitiers.   Poitiers, le 21 janvier 1867.

Monsieur le Curé,

Je vous remercie de m'avoir mis à même de m'édifier par la lecture de la *Vie de sainte Flore* ; c'est bien une fleur, en effet, dont la piété chrétienne aimera à odorer le parfum et à considérer l'éclat doux et modeste.

Agréez, avec mon remercîment, Monsieur le Curé, l'expression de mon sincère et entier dévouement.

† H., év. de Poitiers.

L'auteur de la *Vie de sainte Flore* a été aussi honoré de la bienveillance de Monseigneur l'Evêque d'Aire et de Dax, le 5 janvier 1867.

Qu'il me soit permis d'offrir ici l'hommage de la reconnaissance à M. l'abbé Derruppé et à M. l'abbé Blaviel, vicaires-généraux, qui ont bien voulu me prêter le secours de leurs lumières et l'appui de leur bienveillance.

AVANT-PROPOS.

En 1865, au moment où la première édition de la *Vie de sainte Flore* s'imprimait, on lisait au Propre de Cahors, au cinquième jour d'octobre : Fête de sainte Flore, vierge, semi-double, tout du commun d'une vierge non martyre, premier office. Oraison : *Exaudi*.

On avait raison de se demander, quelle était cette sainte Flore, dont la vie était demeurée si inconnue, qu'on ne sut d'elle, ni le lieu de sa naissance ni celui de sa mort, et que, de sa sainte vie, tout fut oublié, excepté qu'elle était vierge. Le Propre de Cahors gardait un pénible silence. Le diocèse de Saint-Flour était plus heureux que le nôtre. Sa Sainteté le Pape Pie IX, par un décret, en date du 25 avril 1858, avait approuvé pour ce diocèse un office de sainte Flore, avec leçons et oraison propres, sous le rit double-mineur. L'Auvergne était donc plus heureuse que le Quercy, puisqu'elle avait, dans sa liturgie, une notice sur la fille de ses montagnes et un office d'un degré plus élevé que celui du diocèse de Cahors, où elle termina sa pénitente carrière. Malheureusement, faute de connaître les actes originaux de sainte Flore et les chartes de l'Hôpital-Beaulieu , il s'y était glissé quelques erreurs historiques. Aujourd'hui, les choses ont bien changé de face : les diocèses de Cahors et de Saint-Flour, grâce à la piété de leurs évêques, possèdent une magnifique légende de sainte Flore. Il est regrettable, que l'auteur de cette légende ait confondu la prieure de Beaulieu , qu'il appelle Angline , avec Aigline II qui, elle-même , était morte , très-probablement , deux ans avant l'arrivée de la vierge Flore à l'Hôpital-Beaulieu.

En l'année 1858 , le diocèse de Saint-Flour voyait donc un éclat nouveau, s'ajouter à l'auréole de sainteté de notre bienheureuse par le décret du Saint-Siége. La même année , j'arrivai, moi-même , dans la paroisse où elle vécut, où elle mourut et où son corps reposa , vénéré de près et au loin, pendant 446 ans, c'est-à-dire jusqu'en 1793. Je foulai ce sol témoin de tant de vertus et de miracles, sans m'en douter : je récitai l'office de sainte Flore , comme l'office d'une étrangère ; qu'elle daigne me pardonner mon ignorance involontaire ! Cependant je ne tardai pas à remarquer dans mon église un tableau en relief de l'époque de Louis XIV ou de Louis XV, représentant une religieuse de Malte à genoux, et Notre-Seigneur lui apparaissant chargé de sa croix. Je demandai quel était le sujet de cette apparition. J'appris que ce tableau avait été sauvé du pillage en 1793, qu'il représentait Notre-Seigneur apparaissant à sainte Fleur. Je m'informai quelle était cette sainte Fleur , que je ne connaissais pas , et on ajouta avec l'accent de la surprise, que sainte Fleur était une religieuse qui avait vécu et était morte en odeur de sainteté au couvent de l'Hôpital, village de ma nouvelle paroisse. J'avoue , que

d'abord je fus incrédule , cependant de nouvelles obser-
vations s'ajoutaient aux premières , et je finis par comprendre , qu'il y avait du vrai dans les diverses réponses
que je recevais de toutes parts. Je fis des recherches
sérieuses , je consultai les ouvrages que je pouvais avoir
sous la main, mais j'y trouvai peu de chose ; j'interrogeai
les vieillards , et à l'aide de leurs souvenirs j'obtins de
précieux renseignements. Voici en résumé la tradition
à peu près universelle de la paroisse :

1o Une sainte religieuse du nom de Fleur, originaire de l'Auvergne, vécut au monastère de l'Hôpital.

2o Ellé changea du pain en fleurs : elle était très-
charitable.

3o Elle reçut la communion d'une manière miraculeuse , elle lui fut portée des Fieux près de Miers.

4o Notre-Seigneur lui apparut.

5o Ses reliques étaient vénérées dans la chapelle
du monastère, dans un endroit élevé.

6o Elles s'y conservèrent jusqu'en 1793, et à cette
époque, elles furent jetées dans le feu par les révolu-
tionnaires.

Je fus même heureux au-delà de mes espérances,
car j'eus le bonheur de trouver un os à peu près entier du *tibia*, sauvé en 1793 par Angélique Bro ,
native du village de l'Hôpital, religieuse converse au
monastère, et l'abbé Surgier, aumônier du même couvent à cette époque. (1)

(1) Le dernier acte de M. Sasmayoux , curé d'Issendolus, est du 15
septembre 1792. M. l'abbé Surgier , aumônier des dames de l'Hôpital,
fit les fonctions en l'absence du pasteur légitime ; le dernier de ses actes
est daté du 26 décembre 1792. Le premier de la commune, est du 5
février 1793 (registres civils d'Issendolus).

Cet os noirci, mais bien conservé, était enveloppé
dans une toile fine de chanvre, recouverte elle-même
d'une vieille soie rouge, très-belle, attachée avec
un ruban ou plutôt galon de soie rose, le tout cousu
avec du fil de soie rouge. La boîte qui le renfermait
paraissait fort ancienne, elle portait l'empreinte de
plusieurs cachets de cire rouge. Je fus assez heureux pour obtenir ce trésor, c'était en 1859. Je gar-
dai ce précieux dépôt, recherchant les divers témoi-
gnages qui pourraient me prouver son authenticité.

Au bout de trois ans, au mois de mai 1864,
Monseigneur Bardou, accompagné de M. Blaviel, son
vicaire général, porta dans ma paroisse les bienfaits
de sa visite pastorale. Monseigneur, avec sa bienveillance ordinaire, voulut bien prendre lui-même
quelques informations relatives à notre sainte : sa
Grandeur daigna encourager mes efforts, et sur un
rapport écrit que je lui adressai, Monseigneur approuva
cette relique comme authentique : y apposa lui-même les
sceaux de l'évêché, et m'en donna l'approbation écrite,
signée de sa main et munie de son sceau.

Je ne puis voir l'effet du hasard dans les circons-
tances heureuses qui se réunissaient, car le hasard
n'est rien ; mais je serai plutôt dans le vrai, en y
reconnaissant la main de cette Providence divine,
merveilleuse dans le soin qu'elle prend de l'honneur
des saints. Dieu voulait tirer de l'oubli, où elle était
injustement tombée, une sainte qui lui était si chère.
Le 5 du mois de mai 1864, j'avais donc l'honneur
de recevoir dans ma paroisse la visite de sa grandeur,
Monseigneur Bardou, que Dieu daigne accorder à ce
vénéré prélat la récompense de son zèle. Trois jours

après, le 8 mai 1861, je reçus une lettre portant le sceau de l'évêché d'Autun ; cette lettre était de M. Bouange, vicaire général de ce diocèse; elle m'apprenait, qu'ailleurs un homme bien autrement capable, et avec des moyens bien différents des miens, s'occupait de la même sainte.

A partir de ce moment, ma tâche devint facile : le pieux et savant protecteur, que la Providence venait de me donner, vit lui-même ses recherches bénies de Dieu. L'année suivante, il découvrait, au sixième volume de juin dans les Bollandistes, la ravissante vie de sainte Flore, si longtemps et si inutilement cherchée. Enfin, le 28 octobre 1862, M. Bouange voulut vénérer les reliques de sainte Flore, et visiter les lieux où cette sainte avait vécu : il daigna, dans ce voyage, me remettre, lui-même, une copie des Bollandistes et une copie également manuscrite de l'épisode si intéressant relatif à sainte Flore, qu'il a inséré dans l'histoire de l'abbaye de saint Géraud d'Aurillac.

En l'année 1867, je fus assez heureux, grâce au bienveillant concours du savant professeur de l'école des chartes, M. Léon Lacabanes, pour découvrir à Paris de nouvelles richesses. La bibliothèque impériale offrit, à mes yeux ravis, les titres de l'Hôpital-Beaulieu et le vieux texte quercinois des actes originaux de sainte Flore, avec sa traduction française. Je trouvai encore, à la bibliothèque Sainte-Geneviève, un manuscrit de l'an 1702, contenant en abrégé l'histoire de l'Hôpital-Beaulieu. Dès lors, j'avais en main le dossier complet de tous les documents historiques, relatifs au monastère de l'Hôpital-Beaulieu et à ses dames illustres. Une nouvelle édition devenait nécessaire, j'ai divisé ce nouveau travail en trois périodes :

1re Période. Commencements pleins de ferveur de l'Hôpital-Beaulieu, 1235 — 1360. Vie de sainte Flore ou Fleur.

2e Période. Relâchement de l'Hôpital-Beaulieu, essai de réforme, 1360 — 1618. Vie de la vénérable mère Galiote, coadjutrice de l'Hôpital-Beaulieu et prieure des Fieux, etc.

3e Période. Réforme de l'Hôpital-Beaulieu et sa destruction, 1618 — 1792. Vie de la révérende dame Galiote, etc., nièce de la précédente, grande prieure de l'Hôpital-Beaulieu.

Je me propose d'écrire, aujourd'hui, l'histoire de la première période. Puisse l'illustre vierge Fleur être toujours ma protectrice dans le ciel !

PREMIÈRE PÉRIODE.

—

Commencements de l'Hôpital-Beaulieu. — Epoque de ferveur. — Vie de sainte Flore ou Fleur.

—

CHAPITRE PRÉLIMINAIRE

Le monastère de l'Hôpital-Beaulieu au XIXe siècle. — Fondation de ce Monastère en 1235. — Il est soumis à l'Ordre de Saint-Jean de Jérusalem. — Vie édifiante de ses premiers fondateurs. —

Sur le territoire de la paroisse Saint-Julien d'Issendolus (1), à une lieue de Gramat, entre la route départementale et l'ancienne voie publique de Figeac à Gramat, sur le chemin que devaient suivre autrefois les pélerins du Rouergue, de l'Auvergne et du haut Quercy, pour se rendre à Rocamadour, on voit des ruines. Un mur d'enceinte de sept mètres de hauteur, et dont la construction solide a bravé les orages des révolutions et du temps, se développe sur un périmètre de 715 mètres dé circuit ; il renferme dans son parcours 2 hectares 72 ares 40 centiares de terrain. Derrière

(1) Département du Lot.

ces hautes murailles, subsistent encore quelques débris des constructions magnifiques, qui formaient autrefois le monastère de l'Hôpital-Beaulieu. La main du temps était impuissante à abattre ces épaisses murailles, ces hautes tours, qui abritaient non de féroces dominateurs, mais de timides vierges vouées à la prière, au soin des pauvres, au soulagement de toutes les misères; le marteau révolutionnaire a été plus fort.

A l'entrée du monastère, vers le sud, le mur d'enceinte forme un fer-à-cheval; au point le plus étroit s'élève un bâtiment appelé encore aujourd'hui le corps-de-garde, en avant est une tour bien conservée, indépendante de l'autre construction, ce qui l'a sauvée de l'incendie qui, dans ces derniers temps, est venu consommer la ruine de ces restes encore debout. En face, on voit quelques pans de murailles de l'ancien pressoir d'huile, qui, avec le corps-de-garde fermait les abords du monastère. Après avoir franchi le seuil du grand portail, on entre dans une grande cour qui sert d'avenue à la chapelle du monastère, au corps de logis des étrangers et au pensionnat; de tous ces divers bâtiments qui couvraient une surface de 14 ares 80 centiares de terrain, il ne reste plus rien. On voit les premières pierres de la porte de la chapelle, la naissance des deux arceaux du sanctuaire, les débris d'une vieille tour, puis des décombres entassés couvrant le sol à une grande hauteur. Sur ces décombres recouverts par une légère couche de terre végétale, des ronces, des sureaux mêlés aux hièbles et autres plantes qui croissent d'ordinaire au milieu des ruines, comme pour en dérober la vue aux hommes, il n'y a plus là que des morts dont les âmes vivent au ciel. Revenons sur nos pas, passons à côté des ruines de la chapelle, saluons sur notre chemin les restes mortels de tant de saintes religieuses qui y reposent sous ce tas de pierres, attendant la résurrection glorieuse. Un portail bâti en 1771, et encore debout, appelé le portail rouge, nous conduira dans la partie réservée aux sœurs. En franchissant la clôture, des images plus gracieuses nous font un peu oublier les pénibles impressions qu'on vient d'éprouver. La vue s'ouvre sur un espace bien plus large, un magnifique jardin de l'étendue, de 1 hectare 54 ares, vient agréablement reposer les regards; le mur d'enceinte, qu'on voit dans le lointain, ne paraît que comme une ombre au tableau, et laisse voir tout autour une riante campagne toute parsemée de villages, de terrains fertiles, de prairies et de bois. Au milieu de l'enclos, une longue allée partage le jardin presque en deux parties égales; d'autres allées semblables suivent les contours du mur d'enceinte, chaque extrémité allait se terminer à une petite chapelle. Les arbres des allées ont disparu, mais à la forme du terrain on peut encore les reconnaître. Au fond, un grand réservoir d'eau, les eaux y étaient amenées de la *fontaine grande*, près Viliers (Bio), au moyen de conduits en terre cuite, se développant sur une ligne de près de trois kilomètres. Aujourd'hui tout cela est aussi en ruine, les conduits ont été enlevés en beaucoup d'endroits, et la fontaine elle-même a tari.

Le monastère proprement dit, c'est-à-dire la partie des cloîtres et les cellules réservées aux sœurs, occupait le point culminant, attenant à la chapelle et au reste des bâtiments. Là, les constructions paraissent mieux conservées, on y a déployé tout le luxe de la plus belle architecture. Les cloîtres avaient 25 mètres de côté, de distance en distance la tige d'un arbre en pierre de taille s'élève du sol, puis viennent trois nœuds qui vont en augmentant de volume à mesure qu'ils s'élèvent; à la naissance de la voûte, l'arbre qui sert de colonne se partage en trois branches ornées de rameaux, qui étendent leurs bras en sens inverse et vont soutenir, par leur arête ogivale, la voûte, où d'autres branches semblables viennent se réunir. Le côté oriental des cloîtres est un peu plus large, c'est la partie la mieux conservée, on y voit encore aujourd'hui la belle salle capitulaire.

On y entre par une magnifique porte ogivale, toute couverte d'ornements, le tour de la corniche est orné de feuilles de chêne, divisées en paquets de trois feuilles et un gland, on y voit un sanglier qui saisit un gland, un chien le poursuit, le tout admirablement travaillé dans une belle pierre calcaire, qui n'a pas encore perdu sa blancheur. La salle a dix mètres de longueur sur sept de largeur, la voûte à arceaux aigus est soutenue par deux légères colonnes rondes divisées en huit dentelures, qui vont s'entrecroiser dans les airs avec d'au-

tres nervures semblables, quatre fenêtres gothiques,
deux vers l'est, deux vers l'ouest éclairaient cette belle
salle. La partie supérieure de tous ces bâtiments était
occupée par les cellules des religieuses ; aujourd'hui
les cloîtres ont disparu, il ne reste que quelques arceaux, les cellules ont été démolies, et, au-dessus de
la salle capitulaire et des autres voûtes qni subsistent
encore, les décombres ont entassé des matières terreu-
ses, on y voit une vigne et quelques arbres de haute
futaie, qui témoignent de la solidité de l'édifice. On ne
peut se faire une idée de la beauté du tableau qui se
déroule sous vos yeux, lorsque du haut de ces voûtes
on contemple la campagne tout autour ; on n'est plus
étonné du nom de Beaulieu, que portait le monastère
de l'Hôpital, à cause de la belle vue et du bon air
dont on y jouissait.

Lorsque du haut de ces pans de mur encore debout,
on contemple ces ruines, ce lierre épais qui couvre le
mur d'enceinte, prenant toutes les formes les plus
bizarres, tantôt semblable à un tapis de verdure, tantôt
décrivant des arceaux capricieux ; ailleurs servant d'asile
à quelque innocent oiseau, lorsqu'on voit à ses pieds
tous ces débris divers amoncelés, quelquefois un berger
y faisant paître un troupeau ; à la place des cellules
trois arès de vigne et quelques arbres et arbustes ;
étonné du silence qui règne dans ces lieux, involontai-
rement on se rappelle les ruines de Jérusalem ravagée
par un sauvage conquérant et ces paroles du prophète
Jérémie : *Quomodo sedet sola civitas, plena populo ;*

comment est-il désert ce lieu, autrefois le saint asile de la prière et de la vertu? Ici comme ailleurs, l'impiété révolutionnaire a tout dévasté, elle n'a su que détruire. Derrière ces murailles, est bâti un modeste village, la religion a toujours été l'amie des pauvres, les pauvres le savaient bien autrefois, aussi ils étaient venus de toutes parts, grouper leurs humbles demeures, à côté des murs opulents du monastère de Beaulieu; le couvent était leur vie, aussi sa ruine a été leur ruine propre. Aujourd'hui, il n'est plus qu'un débris de lui-même, des rues sales et fangeuses, des masures vieilles et grisâtres qui vont tous les jours se démolissant. Ce lieu a conservé le nom d'Hôpital; ce nom lui convient, mais le nom de Beaulieu a disparu, ce nom serait aujourd'hui trop disparate; aussi, il n'est plus connu que sous le nom d'Hôpital-Issendolus.

Jetons un voile sur ce sombre tableau, reportons-nous à de longs siècles dans le passé, revenons par la pensée, à une époque antérieure.

Les prophéties étaient accomplies, Jérusalem déicide n'était plus : la charrue avait passé sur le sol de cette cité ingrate, et son peuple maudit avait été dispersé dans les nations. Mais dans l'enceinte déserte on visitait encore un tombeau, tombeau d'un Dieu sauveur. Il y avait encore là une montagne, où le sang du fils de Dieu avait coulé. Les chrétiens, dès l'origine du christianisme comme dans les siècles suivants, ne pouvaient s'arracher de ces lieux : ils venaient de tous les points de l'Europe, devenue chrétienne, y adorer les traces du Sauveur. Mais lorsque la ville sainte fut tombée au pouvoir des Sarrasins, ils achetèrent, au prix de durs sacrifices, le bonheur de voir Jérusalem. Ils arrivaient, pour l'ordinaire, fatigués par un long voyage, abattus et malades ; pillés sur leur route par les sectateurs du Coran, ils se trouvaient sans ressource, et, parvenus au terme de leur pieux pélerinage, ils étaient, comme leur divin Maître, au sommet du Golgotha : il ne leur restait plus qu'à mourir de faim ou de misère. La charité érigea, on ne sait à quelle époque, un hôpital appelé de Saint-Jean, où les pélerins furent logés, servis et traités, avec tout le soin désirable, par des hommes qui se vouaient au service des pauvres. Ils avaient un chef qui se nommait maître ou recteur de l'hôpital ; un certain Gérard, de nation française, exerça cette charge. Telle fut la première origine d'un ordre, à la fois religieux et militaire, qui devint si célèbre sous le nom d'Hospitaliers de Saint-Jean, de chevaliers de Rhodes et plus tard de Malte.

« La gloire des armes a rendu cet ordre si illustre, qu'à peine les plus puissantes monarchies l'ont surpassé, et qu'aucune compagnie du monde ne l'a jamais égalé en ce point. Le zèle pour la défense de la foi et de l'Eglise chrétienne en a fait une école de martyrs; la vie régulière a fait voir tout ce qu'il y a de plus saint dans la perfection monastique sous l'habit de ces soldats de Jésus-Christ ; et la charité pour le prochain a fait lire la loi du Seigneur, gravée dans des cœurs aussi tendres pour les pauvres, que leur valeur les faisait paraître durs et invincibles dans les fatigues et dans les dangers (1). » Ils ont toujours reconnu pour patron et pour protecteur saint Jean-Baptiste et non saint Jean l'Aumônier, comme Dupleix l'a écrit après Guillaume, archevêque de Tyr.

L'institution des religieuses hospitalières de Saint-Jean de Jérusalem est aussi ancienne que celle des religieux de cet ordre : car, dans le même temps qu'on bâtit à Jérusalem l'hôpital destiné aux hommes, proche l'église de Sainte-Marie-la-Latine, on en bâtit aussi un autre pour les femmes, à côté de la même église, dédié en l'honneur de sainte Marie-Madeleine. La bienheureuse Agnès, dame romaine, en était supérieure, lorsque la ville de Jérusalem fut prise par Godefroy de Bouillon et les croisés en 1099 ; on y observait les mêmes règlements que dans celui des hommes. Les historiens de cet ordre n'ont point marqué ce que devinrent ces religieuses, lorsque cette ville fut reprise par Saladin, soudan d'Egypte, l'an 1187. Il est certain qu'elles avaient un monastère dans l'île de Rhodes, lorsque les chevaliers en furent possesseurs. Après la perte de cette île sous Soliman II, elles se transportèrent dans l'île de Malte. Elles eurent quelques maisons en Italie : à Florence, à Pise et à Vérone. Le monastère de Sixène, entre Saragosse et Lérida, fondé en 1188, fut le plus célèbre de

(1) *Vie de la vénérable dame Galiote de Sainte-Anne, de Gourdon Genoilhac-Vaillac, prieure perpétuelle et réformatrice du monastère de l'Hôpital-Beaulieu, ordre de Saint-Jean de Jérusalem en Quercy.*

Manuscrit de la bibliothèque Sainte-Geneviève, Paris — Livre II, chap. 1er.

toute l'Espagne (1). Outre ce monastère, l'Espagne et le Portugal comptaient encore ceux d'Évora (1513-1521), de Civita de Penna, d'Extremos, de Nostra-Signora d'Algaine en Catalogne, 1212 (2).

L'Angleterre avait reçu de l'Espagne une pieuse colonie de cet ordre; la communauté de Sixène eut longtemps plusieurs maisons dans ce pays; leur dernière résidence fut Bukland; elles en furent chassées à la malheureuse époque, où le schisme et l'hérésie arrachèrent à l'Eglise catholique toute cette contrée. La France eut aussi des maisons hospitalières de filles de l'ordre de Saint-Jean de Jérusalem : une à Toulouse et trois dans le Quercy plus anciennes : à l'Hôpital-Beaulieu, aux Fieux et à Martel. « Cet ordre, dit Helyot (3), a donné trois saintes à l'Eglise : sainte Ubaldesque, à Pise, en Italie, sainte Toscane, à Vérone et sainte Flore, à l'Hôpital-Beaulieu en France. »

« Cet hôpital fut fondé dans le Haut-Quercy, lorsque le règne de saint Louis commençait à donner à tout l'univers le modèle d'un règne de grandeur, de justice et de sainteté. Dieu s'était servi, pour rendre la France heureuse, du meme fléau qui lui avait attiré une infinité de malheurs et plus d'une fois le danger d'une ruine

---

(1) Helyot, tome 3e, pag. 121, chap. XIV. *Histoire des ordres monastiques.*

(2) Pag. 48. *Histoire de la vie et des vertus de la V. M. Galiote de Sainte-Anne, etc.*, par le P. Thomas d'Aquin de Saint-Joseph. Paris, chez Sébastien Huré, rue St-Jacques, au Cœur-Bon, MDCXXXIII.

(3) Page. 129, 3e vol.

prochaine. Blanche de Castille, qui donna saint Louis à la France et à ce grand roi, une éducation parfaite, était petite-fille d'Eléonor de Guienne, reine d'Angleterre. La passion de voir régner Jean, son fils, après la mort de Richard Iᵉʳ, et d'obliger Philippe-Auguste à lui donner la paix, détermina cette reine, âgée d'environ quatre-vingts ans, à passer en Espagne pour marier l'Infante de Castille, sa petite-fille, avec Louis VIII, et la fit venir bisaïeule d'un saint dont le bisaïeul l'avait répudiée. La piété de ce grand roi et le projet de la croisade du pape Grégoire IX ayant rallumé la dévotion des pélerinages, avait aussi renouvelé la charité des seigneurs français. Guibert (1) (Guisbertus, Guirbertus, Girbertus), seigneur de l'ancienne et illustre maison de Thémines et Aigline, son épouse, établirent un monument éternel de leur charité dans le Haut-Quercy, par le secours, les avis, les exhortations de trois évêques de Cahors, qui occupèrent ce siége dans l'espace de quinze ou vingt ans. Pour avoir part aux mérites de tous les pélerins et de tous les pauvres qui passaient dans

---

(1) Hélyot, tome 3ᵉ, page 129, est inexact lorsqu'il appelle la fondatrice de l'Hôpital Angline. La charte de fondation de l'an 1250 p. 193, de Doat, dit Ayglina : celle de l'an 1253, p. 196, dit Aiglina; Bibliothèque de Paris, manuscrits. — *Le Gallia christiana*, eccl. Cature, 1ᵉʳ vol. instrumenta, page 47, nᵒ XLVII, charte de l'an 1245, dit Ayglina. — Châtelain, page 931, *Martyrologe universel*, appelle le monastère de l'Hôpital *Monasterium domnæ Aquilinæ*. — Le récit d'Helyot au sujet des deux Guibert est inexact. — Voir aux pièces justificatives nᵒ 1. nᵒ 2, nᵒ 3, les chartes citées plus haut.

leurs terres, ils bâtirent un hôpital sur le grand chemin. Ils choisirent Beaulieu, petit village de la paroisse de Saint-Julien de Saint-Dolus ou Issendolus (Yssandulum), assez près de Gramat, de Saint-Céré, de Figeac, et à une journée de Cahors. »

« Cette retraite était commode pour ces pieux voyageurs du Rouergue, de l'Auvergne, du Limousin, et de plusieurs autres provinces qui allaient à Compostelle, à Rome, à la terre sainte ou dans d'autres lieux de dévotion. Il leur était ordinaire d'aller faire leurs prières dans toutes les églises célèbres par les miracles et par les reliques ; quelquefois leurs vœux ou une pénitence imposée pour de grandes fautes les y obligeaient. Deux églises en attiraient beaucoup dans ce voisinage : la chapelle miraculeuse de Notre-Dame de Rocamadour, célèbre et fréquentée depuis plusieurs siècles, et la crypte de saint Namphase, dans l'église paroissiale de Canhiac, que les guérisons miraculeuses des épileptiques rendaient si célèbre depuis le règne de Charlemagne.

L'histoire a peu d'exemples de la piété et de la résolution de Guibert de Thémines et d'Aigline, son épouse. Ils proposèrent leur dessein à Pons d'Antéjac, évêque de Cahors (1235-1236), qui avait persuadé depuis peu à Aimeric de Gourdon et à Amagne, son épouse, de doter un monastère de Notre-Dame de Grammont. Il approuva leur dessein et leur inspira des moyens pour l'exécuter saintement ; ils divisèrent leur hôpital en deux grands corps de logis, destinèrent plusieurs villages, domaines et rentes de leurs biens pour les doter ; quittèrent leurs enfants, leur maison et leurs biens ; s'enfermèrent dans leur hôpital pour y vivre religieusement le reste de leurs jours, en servant les pauvres. Leur ferveur ne s'arrêta pas à ce détachement héroïque : ils se séparèrent de corps pour renouveler et augmenter l'union de leur esprit, et pour faire deux familles nouvelles à Jésus-Christ en un même hôpital, dans deux appartements séparés. Guibert de Thémines reçut une fervente compagnie de gentils hommes et autres, qui s'offraient à vivre avec lui comme frères. Madame de Thémines forma dans l'autre appartement une communauté de demoiselles, des meilleures familles du Haut-Quercy. Pons d'Antéjac, étant sacristain de l'église cathédrale, avait beaucoup contribué à l'établissement des religieux de saint Dominique, que le célèbre Guillaume de Cardaillac, son prédécesseur, avait appelés à Cahors pour préserver la ville et le diocèse de l'hérésie des Albigeois. Peu d'années auparavant, il y avait établi les enfants de saint François, qu'un vénérable père Christofe gouverna saintement. Pons d'Antéjac, devenu évêque de Cahors, trouva dans ces deux familles des ouvriers pour cultiver les saintes dispositions du seigneur de Thémines et de son épouse.

« Son successeur Géraud V, de Barascou (*Barasconia* est une partie de la paroisse de Canhiac qui a passé de la maison de Thémines à celle de Saint-Sulpice), augmenta les revenus de cette maison, qui n'avait pas assez de biens de la première fondation, pour fournir à l'entretien de deux communautés, et à la nourriture

des pauvres et des malades dont tout le pays était rempli. » (1).

Par une charte du mois de mars 1245, il donna à ce
pieux seigneur, à madame Aigline et aux chefs qui leur
succéderaient dans le gouvernement de l'hôpital, tous
les revenus et le patronage de la cure d'Issendolus,
n'en réservant à ses successeurs que l'institution et les
droits de procuration cathédratique et synodatique. Le
grand prieur et le chapitre de Cahors approuvèrent cette
donation, le samedi après la fête de Pentecôte de l'an
1250. La charte de l'an 1250 de la Bibliothèque de
Paris, page 193 de Doat, renferme une faute de copiste
relative au nom de l'évêque de Cahors. On doit lire
Gerardi ou mieux *Geraldi*, au lieu de *Guillermi* : car
à la date 1245, donnée par l'acte de cet évêque, c'est
Géraud de Barasc qui était évêque de Cahors. La charte
du *Gallia christiana*, 1er vol., page 47, *instrumenta*,
est plus exacte. Les autres divergences entre le texte de
Doat et celui du *Gallia christiana* sont de peu d'importance (2).

La même année, le jour de sainte Catherine, Douce
de Thémines et l'hôpital de Pech Vilaugés, c'est-à-dire
Beaulieu, donnent à Aymeric de Godor la terre de Roquefort et douze cents sous de Cahors, en échange du

(1) Manuscrit de la bibliothèque Sainte-Geneviève, Paris, *Vie de
Galiote*, etc...

(2) Voir ces deux chartes aux pièces justificatives n° 1, n° 3.

domaine de Diégas, situé près de Brengues et de Sainte-Eulalie, entre Espanhac et Grèzes (1).

La durée de plus de quinze années semblait avoir rend cet étuablissement assez solide , pour faire espérer que Dieu serait toujours bien servi dans cette maison. Barthélemy , évêque de Cahors (1253), fut d'avis de rendre cette fondation plus solennelle : il voulut y être présent avec le sieur de Malemort, sénéchal du Quercy pour le roi, et les consuls de Figeac, et honorer de son seing et de son sceau l'acte qui en est le plus ancien titre. (2)

« La famille du seigneur de Thémines, dont il n'est fait mention dans l'acte qui précède, que pour lui donner part au mérite de l'œuvre, ne s'opposa ni à la donation ni à la retraite des parents, parce qu'ils prenaient le *bon parti* (3) , et qu'un si saint usage de leurs biens attirerait la bénédiction du ciel sur leur maison. Le désintéressement fut si grand, que lorsque peu d'années après, l'hôpital fut érigé en maison religieuse, il ne fut réservé ni le patronage du prieuré ni aucun droit de nomination aux places, ni aucune prérogative. Ils conservèrent seulement une louable inclination à augmenter, à soutenir et à favoriser en tout ce monastère. Aussi, Dieu les combla de ses bénédictions, qui se répandirent

---

(1) Voir ces deux chartes aux pièces justificatives n° 4.

(2) Bibliothèque Nationale, Paris, manuscrit, titres concernant les abbayes et monastères de Carennac, etc. de Beaulieu, Doat. n° 123, P. 196. — Voir cette charte aux pièces justificatives n° 2.

(3) St. Luc, ch. 10. v. 42.

avec les alliances dans les plus grandes maisons du royaume. Le nom des Thémines a duré jusqu'au dernier siècle. Après la mort du maréchal de Thémines, chevalier des ordres du roi, qui s'était signalé dans les plus importantes occasions contre les ennemis de l'Église et de l'État, sous le règne d'Henri III, Henri IV et Louis XIII, Catherine de Thémines, sa petite-fille, porta cet illustre nom et cet héritage dans la maison d'Estrées, en épousant François-Annibal, duc d'Estrées, pair de France, etc., l'an 1647. »

« L'expérience de vingt-deux ans avait fait comprendre à Guibert et à Aigline de Thémines, qu'il était difficile de rendre leur œuvre durable, si leur communauté n'était unie à quelque congrégation approuvée de l'Église. Ils avaient reconnu jusqu'alors pour supérieur l'évêque de Cahors, dont les sages avis avaient été la règle de leur conduite. Deux grands évêques avaient donné des marques de leur estime à ces nobles communautés. Barthélemy, qui succédait à leur affection pour l'hôpital, surpassait leur mérite, comme il paraît par l'éloge qu'en fit Innocent II. Son pontificat fut de trente années et une suite d'actions apostoliques qui le rendirent célèbre. Alexandre IV confirma, avec éloge, le droit de collation de tous les canonicats de sa cathédrale que son chapitre lui donna, en reconnaissance du bien qu'il lui avait fait. Nos fondateurs étaient trop religieux et trop sages, pour traiter avec un ordre, sans l'avis et l'approbation d'un supérieur de cette dignité, de ce crédit, de cette sagesse et de cette réputation.

Il aurait pu rompre toutes leurs mesures, aussi il n'y a pas lieu de douter que tout ne se fît par son approbation.»

« L'ordre de Saint-Jean de Jérusalem était alors dans une réputation de régularité, de charité pour les pélerins et les pauvres et de valeur dans les guerres saintes, qu'aucune congrégation du monde n'égalait. Guillaume de Châteauneuf, qui en était le chef, était d'une sévère exactitude pour faire observer la règle de saint Augustin et les statuts qu'Alexandre IV avait approuvés de rechef; et les religieux, qui se regardaient tous les jours comme des victimes de mort dans la Palestine, ne trouvaient aucune observance trop dure, soit au retour des combats, soit quand ils allaient répandre leur sang pour la foi. Nos fondateurs s'adressèrent à un commandeur que l'ordre avait dans le pays pour toutes ses maisons du Quercy, nommé Pierre Gérald; celui-ci communiqua leur proposition au grand maître à Ptolémaïde ou Saint-Jean d'Acre, obtint la procuration et les pouvoirs nécessaires de Gérald de Barasc, commandeur de l'hôpital du côté de la mer. Ce fut à peu près dans le temps qu'Alexandre IV leur donna le château de Béthanie; la reine Mélisende l'avait donné anx filles de Saint-Jean, leurs sœurs, sous le règne de Foulques d'Anjou, et ces pieuses dames ne pouvaient plus le garder à cause des guerres. » (1)

(1) Manuscrits de la bibliothèque Sainte-Geneviève à Paris.— *Vie de Galiote,* etc.

Ce fut l'an 1259, environ vingt-quatre ans après sa fondation, que Guibert et Aigline, par un acte solennel, donnèrent leur hôpital de Beaulieu, vulgairement appelé de *Pech Vilaugés*, à l'ordre de Saint-Jean de Jerusalem. L'assemblée se tint dans la salle neuve, sous le dortoir de l'abbaye de Figeac, en présence de « seigneur Bertrand, (1) par la grâce de Dieu abbé de Figeac, de maître André de Boissero, de frère Bertrand de Sonac, de frère Ugon Canet, de Guillaume de Canhac, chevalier, de Guillaume et Barascou de Thémines, frères, d'Étienne Guillaume et B. de Séguin, de G. de la Roque, bourgeois de Figeac, de seigneur Raimond de Cambouly, chevalier, de Guillaume la Vernhe, de Raimond del Four, damoiseaux et G. Ayméric, de B. Boiere, de B. Albert, de B. Blavevoso de Figeac, de Gaubert de Palmégas, de G. de Casaco » et rédigé par Pierre de Mazaco, notaire à Figeac. Par cet acte, Guibert et Aigline assujettirent leur hôpital à l'ordre de Saint-Jean, pour toute subjection, obéissance, visite, correction, etc. , usitées dans l'ordre. Le temporel seulement de la maison fut réservé, il fut convenu que l'ordre de Saint-Jean ne serait tenu à aucun secours temporel envers la maison de Beaulieu, et que, celle-ci, en retour, ne serait tenue à aucune redevance envers l'ordre, à l'exception d'un marc sterling d'argent, qui lui serait payé tous

(1) XXIX. Bertrand de Montaigu est cité comme témoin dans l'acte de Guibert de Thémines par le *Gallia christiana*, 1er vol. p. 175.

les ans. Pierre Gérald, commandeur des maisons du Quercy, accepta la donation avec toutes ses clauses, au nom de l'ordre, et voulut que Guibert demeurât supérieur perpétuel des frères, et Aigline supérieure perpétuelle des sœurs de l'hôpital. On peut voir le texte littéral de cette charte aux pièces justificatives, n° 5 (2)

Dès qu'on fut de retour à l'Hôpital-Beaulieu, Pierre Gérald, procureur de l'ordre, en prit possession, et les deux communautés reçurent l'habit et la croix, avec toutes les cérémonies qui étaient en usage, apprirent la règle de saint Augustin, les statuts, coutumes et observances de cette noble religion, et les observèrent avec tant de fidélité, que l'ordre de Saint-Jean les regarda avec admiration et les honora de ses faveurs et de ses biens. Il est regrettable, que l'histoire ne nous ait pas conservé de documents plus étendus, sur la vie de ces deux illustres personnes et de celles qui vécurent sous leur conduite, d'une charité exemplaire et d'une régularité parfaite.

L'esprit religieux était comme un pieux héritage dans la maison de Thémines ; quelques années après, nous en retrouvons encore un exemple dans la personne d'un autre Guibert, probablement le fils des fondateurs. Ce gentil homme choisit l'Hôpital, pour le lieu de sa sépulture, et jure sur les saints évangiles de garder et

(1) *Titres concernant les abbayes et monastères de Carennac, etc. et de Beaulieu, Doat*, n° 123, p. 200 — Manuscrits de la Bibliothèque de Paris.

de défendre de tout son pouvoir les droits, les biens , les frères, les donats et les hommes de l'ordre.

Guillaume de Villaret, alors prieur de Saint-Gilles, voulut récompenser son zèle : par des lettres patentes datées de Fronton, le mercredi après les octaves de Pentecôte de l'année 1287 , il le reçoit comme donat de l'ordre et lui donne part aux prières et aux autres biens spirituels. Le texte de ces lettres est aux pièces justificatives n° 6.

Les pieux fondateurs s'étaient endormis dans le Seigneur avant l'année 1298, (1) laissant à leurs communautés, à leur famille et à tout le Quercy la bonne odeur d'une vie admirable. Il y a apparence, que sur la fin de leur vie, les pélerinages ne furent plus si fréquentés parce que les infidèles fermaient les chemins, occupaient les saints lieux et serraient de près ce qui restait de chevaliers en Syrie et dans la ville d'Acre. Il sembla qu'une communauté suffirait dans le monastère de l'Hôpital, et, apparemment , il dut être résolu d'employer les frères ailleurs dès que Guibert serait mort. Il est vraisemblable, qu'on envoya, au grand maître et au couvent en Syrie, tous ceux qui pouvaient porter les armes ; quant aux autres, on dut les mettre dans des maisons régulières de la province, car il n'en est plus fait mention. Il ne resta dans la maison que la communauté des demoiselles.

« Le premier acte de l'an 1259 n'avait pas assez limité la dépendance, pour la supériorité et pour les respon-

____

(1) « Cum igitur nobilis vir Guibertus de Theminas et domina Eglina conjuges, jam defuncti. » Charte de l'an 1298 — Doat , etc.

sions annuelles, parce qu'il nommait le grand maître, le grand prieur de Saint-Gilles et le commandeur du Quercy ; par un autre acte, qui s'est perdu, toute cette autorité était donnée au grand prieur de Saint-Gilles. Guillaume de Villaret, n'étant encore que grand prieur, avait accepté cette disposition et augmenté les revenus du monastère. Il y unit des biens et des maisons, qui servaient peu à l'ordre, et que la communauté rendit considérables, soit en défrichant les bois, soit par des acquisitions nouvelles. Il donna à l'Hôpital-Beaulieu la maison de Martel, le prieuré de Fontanes, Barbaroux et Sainte-Leboule. Il ordonna que l'Hôpital ne paierait, pour toute redevance à l'ordre, soit pour le marc de la première donation, soit pour les biens qu'on donnerait ou qu'on acquerrait dans la suite, que vingt et une livres tournois chaque année au chapitre de Saint-Gilles, et ne contribuerait à l'avenir à aucuns frais, impositions, et affaires de l'ordre. »

« Après la mort de la vénérable dame Aigline, il établit sa fille de même nom (1) à sa place, elle l'oc-

(1) Aigline II, fille de madame Aigline, fondatrice de l'Hôpital. Voir le Gallia christiana 1er vol. p. 194 — Voir aux pièces justificatives n° 1 de la vie de la vénérable mère Galiote , etc. 2e période de l'histoire de l'Hôpital-Beaulieu — Voir le manuscrit de Sainte-Geneviève, Paris, Vie de Galiote de Gourdon-Genouillac , etc., liv. II ch. VI — Voir cette vie publiée par nous-même, pièces justificatives n° 2 — Voir aux titres de Doat, manuscrits de la Bibliothèque de Paris , acte de l'an 1298 , page 226 ; Idem, l'acte de 1301, page 216 — Voir pièces justificatives, n° 8 et n° 9 — Voir Vertot livre IV. page 33—Hugues Amadieu l'appelle par erreur Angline, ainsi que le nouvel office de sainte Flore et moi-même à la 1re édition, page 118.

cupa avec beaucoup de sagesse, jusqu'à ce que le grand prieur fut élu grand maître, l'an 1296. Son mérite fut le seul motif de ce choix, dans l'extrême nécessité où l'ordre était réduit, car il n'avait plus alors de siége dans la Palestine et celui qu'il avait à Limisson était incertain et peu solide. Aussi, les affaires de l'ordre le retinrent quelques années en France, et ce fut l'avantage de la communauté de l'Hôpital : car Aigline de Thémines et ses filles l'ayant prié de mettre la dernière main à leurs affaires, il assembla son conseil pour y procéder plus solidement et, confirmant la part qui leur avait déjà été donnée aux priviléges de l'ordre de Saint-Jean, il fit divers réglements. Il ordonna : 1° que la communauté des dames de l'Hôpital élirait *l'abbesse* ou prieure perpétuelle et y procéderait par scrutin, par compromis ou par les autres voies canoniques, dans les quarante jours après la mort de la précédente, et demanderait au grand prieur de Saint-Gilles la confirmation de cette élection ; dans le cas où ces formalités n'auraient pas été remplies dans les quarante jours, celui-ci nommerait une prieure de plein droit ; 2° que la communauté des dames ne serait désormais que de trente-neuf, en y comprenant les trente-cinq qui composaient alors leur chapitre ; 3° que la prieure recevrait les filles propres à leur institut avec l'avis des religieuses ; 4° que pour l'élection de la prieure et pour la réception des sœurs, la voix de la plus grande et plus saine partie de la communauté suffirait ; 5° que le commandeur des maisons du Quercy serait obligé de donner l'habit et la croix aux prêtres et aux laïques, que la prieure lui présenterait, pour le service spirituel et temporel de la communauté ; 6° que la prieure de l'Hôpital, aurait le même pouvoir et droit de correction, obéissance et réformation sur tous les sujets dépendant de sa communauté, que le grand prieur de Saint-Gilles aura sur ceux qui dépendent de son prieuré ; 7° enfin, il confirme les donations temporelles, qu'il avait faites en leur faveur, étant grand prieur de Saint-Gilles, en les obligeant à l'habit et règle de l'ordre et à l'obéissance promise et accordée au grand prieur de Saint-Gilles. »

Aigline II de Thémines se rendit dans la commanderie de la Tronquière, pour recevoir cet acte, elle était accompagnée de trois de ses religieuses : Finée de Bonnefosse, Galienne de Vieux-Champs, Haimague de Vaux, c'était le 25 mars 1298. Elle reçut ces réglements avec tous les sentiments d'une parfaite reconnaissance, fit le serment et toutes les démonstrations d'une vraie obéissance. Rémond Raudi, chapelain du grand maître, se rendit à l'Hôpital, pour recevoir les mêmes démonstrations de toute la communauté.

Le 26 mars de la même année, toutes les sœurs furent convoquées en chapitre, au son de la cloche selon l'usage ; on se réunit dans la nouvelle salle du chapitre, près de l'eglise de Beaulieu, en présence de la prieure et des trois sœurs dont nous venons de citer les noms. Avec elles, entrèrent en chapitre : Aigline de Doma, Hélis de Castelnau, chanteuse,

Alazaria de Mier, Huga de Canhac, hôtelière, Raymonde de Massanco, Huga de Saint-Paidulfe, infirmière, Guillaumette de Castelnau, Huga de Cavilla, Bonassias d'Ysseps, Marie de Roc, Sibille Sequeria, Hélis Aimerique, Riqua de Goutau, Guillaumette de Vallon, Bertrande de Podio, hospitalière, Bertrande de Saint-Clair, Armande d'Auriole, Marie de Fontavilhes, Peirette au pays de Cieurac, Massabilie de Morlon, Aisselens Desplas, Aimerique de Podio Meiano, Bonassie de Mier, Aimerique de Laudonia, Peyronne de Caleis, Peironne d'Auriole, Peyronelle Taliafer, Bertrande de Cerra, Eufénie de Lestroa, Delphine de Merle et Reimonde de Goléma. Le chapelain du grand maître fut édifié de la modestie et de la vertu de ces nobles sœurs et de la joie qu'elles avaient, de se voir sous la protection de l'ordre de Saint-Jean. Guillaume de Gourdon, (1) fils de Guibert, seigneur de Thémines, signa le verbal qui fut fait de cette cérémonie. (Voir le texte de cette charte aux pièces justificatives n° 8.)

Dieu bénissait cette maison et la comblait de ses biens. Sicard de Montaigu, évêque de Cahors, voulut ajouter un anneau, à la chaîne de bonnes œuvres qui avait uni ses prédécesseurs à l'Hôpital-Beaulieu. Par ses lettres, du jeudi après la fête de l'invention de saint Etienne de la même année 1298, il donna l'église de *Soanaco* ou Sonac, dans l'archiprêtré de Figeac, à la prieure et au

(1) Guillermi de Gouodonio.

couvent de l'Hôpital, près de Thémines, avec réserve des droits du recteur, de l'évêque et de ses ministres. Elles commencent par ces mots : *Sicardus, Dei gratia............ movet nos divini cultus affectio*, etc. Il remarque qu'une longue expérience lui a appris que ces religieuses servent Dieu nuit et jour avec le zèle le plus louable. La charte est aux titres de Doat, manuscrits de la bibliothèque nationale de Paris, page 234.

L'année snivante nous retrouvons encore Sicard de Montaigu occupé à répandre ses faveurs sur l'Hôpital-Beaulieu. Le 17 octobre 1299, l'évêque de Cahors donne à ce monastère l'église de Saint-Médard, près Saint-Céré (*Sancti Medardi propè Sanctum Serenum, archipresbiteratus de Tegras*), et reçoit en échange, d'Aigline II de Thémines, l'hôpital de Sainte-Leboule (*sanctæ Lobolæ*) et la chapelle de Borderio (*Bedorio*). *Titres de Doat*, page 237.

Il semble que la générosité des seigneurs de Thémines ne pouvait demeurer en retard au milieu de cet accord unanime à favoriser l'Hôpital-Beaulieu.

Par un acte du dimanche, veille de l'Assomption de la Vierge Marie 1300, Guirbert de Thémines, frère de Guillaume de Gordon, donne à Aigline II, prieure de l'Hôpital et peut-être sa sœur, les villages et *ténements* de Marces lou Viel, Farges, Caudebrande et la Pellisserie. Cet acte commence par ces mots : *Noverint universi.....*, etc., page 245, *Titres de Doat*, bibliothèque rue Richelieu, Paris.

Pendant que tout semblait concourir à augmenter le

trésor des pauvres, confié à la garde de la communauté de l'Hôpital, le grand maître Guillaume de Villaret n'avait pas oublié cette fervente maison. Le 22 octobre de l'année 1301, il assembla son chapitre général à Limisson, dans l'île de Chypre, et parla à l'assemblée de la vertu de Madame de l'Hôpital et de sa communauté ; il fit un détail de tous les règlements qui avaient été faits pour ces dignes filles de l'ordre. Tout fut ratifié, approuvé, loué, confirmé et homologué : ce sont les termes des lettres patentes de la bulle, que le grand maître et son chapitre envoyèrent en bonne forme à l'Hôpital. (Voir pièces justificatives n° 9, le texte de cet acte.)

« Toutes les puissances du monde savaient les travaux infinis que les religieux de Saint-Jean avaient soufferts, le sang qu'ils avaient répandu, les sujets et les biens qu'ils avaient perdus pour conserver le siége de leur ordre, et défendre contre les infidèles les villes et les forts, où leur couvent avait été transféré. Pendant leur séjour de plus de deux cents ans dans la Syrie, tous les peuples avaient ressenti les effets de leur charité ; l'Eglise connaissait leur régularité ; le roi d'Arménie avait envoyé des ambassadeurs au grand maître en Chypre pour reconnaître que c'était, par le secours de ces nobles religieux, qu'il avait sauvé ses états et que son gendre, roi chrétien des Tartares, comptait sur eux. Pendant que les chevaliers Teutoniques allaient s'établir dans leur pays, et les Templiers jouir en paix des trésors infinis de l'Orient qu'ils portaient en France, l'ordre de Saint-Jean ne songeait qu'à apaiser la colère de Dieu par une vie religieuse. Il cherchait à établir son siége sur les points les plus exposés aux attaques des infidèles, afin de servir de boulevard à l'Eglise. Vivre et mourir dans l'esprit de leur vocation, se fortifier autant contre le relâchement et le dangereux entraînement du siècle, que contre les ennemis qui exerçaient leur valeur : telle était leur devise. On ne peut rien ajouter à l'éloge que le pape Clément V fit de leur courage et de leur vertu au concile général de Vienne, lorsqu'en 1312, il supprima les Templiers et donna tous leurs biens aux Hospitaliers. On ne doit pas douter que les religieux qui servaient le monastère de l'Hôpital pour le temporel et le spirituel, ne profitassent de toutes ces conjonctures pour animer les servantes de Jésus-Christ à prier pour les affaires de l'ordre et de l'Eglise, et à servir d'exemple à toutes les religieuses que Dieu enverrait dans leur maison pour s'y sanctifier avec elles et après elles. L'ennemi de Dieu troubla bientôt leur repos et l'union qui régnait parmi elles (1). » Aigline II de Thémines venait de rendre son âme à Dieu et son corps avait été confié à la terre. Le manuscrit de la bibliothèque Sainte-Geneviève à Paris, *Vie de Galiote*, cite une prieure du nom de Béline de Thémines, décédée en 1322, suivant l'inscription de son tombeau, marquée dans le verbal de visite de 1613. Le

(1) Vie de Galiote de Sainte-Anne de Gourdon Genouillac, etc., manuscrits de Sainte-Geneviève, Paris.

manuscrit, la note d'un astérisque pour indiquer qu'elle est douteuse. D'après le *Gallia christiana*, 1er vol., page 194, madame Aigline de Thémines est la fondatrice de l'Hôpital-Beaulieu ; sa fille Aigline lui succède, et entre celle-ci (1) et Agnès d'Aurillac, il ne cite aucune prieure intermédiaire. Après la mort d'Aigline II de Thémines, vers 1320, un ferment de discorde germa à l'Hôpital-Beaulieu : il fallut procéder au choix d'une nouvelle prieure. L'élection fit paraître deux noms : Bertrande de Cardaillac et Hélis ou Elize de Castelnau (Bretenoux). Ce schisme aigrit les esprits et mit la communauté en mauvais état. Le procès fut porté à la cour d'Avignon ; le grand maître Elion de Villeneuve, qui était auprès de Jean XXII et savait les funestes effets de cette division, ayant été grand prieur de Saint-Gilles, pria le pape de transférer dans quelqu'autre monastère la dame de Castelnau, qui avait causé le désordre et soutenu ses prétentions contre la dame de Cardaillac, qui avait les meilleurs suffrages et en plus grand nombre. L'opiniâtre avait survécu à l'autre et aurait voulu se prévaloir de son prétendu droit. Ce sage pontife ne décida pas en sa faveur, mais l'obligea à céder ses prétentions et à les remettre entre les mains d'Arnaud, cardinal de Saint-Eustache, et donna des pouvoirs au grand maître pour nommer une prieure capable de rétablir la régularité et de remédier aux maux que la division avait

(1) 1322, 3 février, on trouve une sous-prieure du nom de Bertrand de Saint-Clair, mais pas de prieure (Voir pièces justificatives n° 8.)

causés. Il savait qu'Elion de Villeneuve était non-seulement un saint religieux, mais encore un homme d'un remarquable talent : c'est le même qui vendit au pape les biens et la maison des Templiers de Cahors, que ce pontife employa à établir les pères chartreux. Il nomma Agnès d'Aurillac prieure de l'Hôpital-Beaulieu, et lui fit quitter le prieuré des Fieux, qu'elle avait gouverné sagement après Jourdaine de Villaret. Elion de Villeneuve assembla le conseil pour faire cette provision, commanda à cette sœur d'accepter cet emploi comme fille d'obéissance, et aux religieuses de la reconnaître. La bulle du grand maître est datée d'Avignon, 14 mars 1324. Ensuite, sur les plaintes qu'il reçut de la délicatesse et de la dissipation qu'on remarquait dans ces religieux et de la crainte qu'ils faisaient concevoir qu'ils ne prissent le train de vie des chevaliers du Temple, ne les ayant plus pour adversaires, il travailla avec succès à la réforme, fit des règlements salutaires et les fit exécuter par des visiteurs exacts. Il y a toute apparence que la communauté de l'Hôpital profita des mêmes secours : elle eut aussi, dans ce même temps, un grand modèle de perfection, la vénérable mère Fleur (1). »

(1) Manuscrits de la bibliothèque Sainte-Geneviève à Paris, Vie de Galiote, etc.

Sainte Flore ou Fleur.

CHAPITRE PREMIER.

Origine de sainte Flore ou Fleur, ses parents, sa naissance, son nom, sa première enfance, sa vocation religieuse.

Dans une de ces révolutions physiques dont l'Auvergne laisse voir les traces, un torrent de matières enflammées sorti des flancs volcaniques des monts du Cantal, parcourut avec rapidité un espace de 25 kilomètres, s'arrêta où il trouva des obstacles à son cours, s'y refroidit et laissa une énorme masse de basalte. C'est sur cette masse couronnée par un vaste plateau, mais presque partout escarpée et coupée à pic, qu'a été bâtie on ne sait à quelle époque la ville de Saint-Flour. Anciennement cette montagne s'appelait *Mons indiciacus*, c'était comme un lieu de rendez-vous ou comme un signe indicateur pour les voyageurs égarés. Saint Flour ou Florus, l'un des soixante-douze disciples de J.-C. (1), suivant les uns, selon d'autres premier anayt, évêque de Lodèvereçu mission de se rendre

______

(1) La tradition le fait venir d'Arabie descendant d'un roi mage.

dans l'Arvenie pour y prêcher l'Evangile, s'arrêta au *Mons indiciacus*. Saint Flour arriva sur le mont par la porte de Frause, du côté le plus escarpé de la montagne. On dit que le rocher se fendit miraculeusement pour lui faire un passage, et que la main du saint y est empreinte. Ce saint mourut paisiblement au *Mons indiciacus* et y fut enterré. On construisit un oratoire sur son tombeau; la dévotion y attira un grand nombre de pélerins; et ceux-ci fondèrent un village qu'ils baptisèrent du nom du saint. Telle est, suivant la tradition, l'origine de Saint Flour *fanum Sancti Flori*. (1)

Dieu avait donné à l'Auvergne saint Flour pour apôtre et pour protecteur; dans la suite des âges la divine Providence réservait à ce pays un autre ange tutélaire du même nom, quoique dans un sexe différent, la vierge Fleur. J'ai rapporté la pieuse légende de saint Flour, parce qu'on y trouve l'explication et l'origine du nom de notre bienheureuse, nom qui a donné lieu à bien des commentaires divers de la part des savants écrivains qui se sont occupés de son histoire.

Au pied des montagnes de la Haute-Auvergne convertie à la foi par saint Flour, dans un bassin fertile, est une ancienne petite ville appelée Maurs. On croit qu'elle tire son nom des Maures, comme si autrefois elle eût servi de campement à une armée de Maures mêlés de Sarrasins. On sait que l'Auvergne fut envahie

______

(1) V. A. Malte-Brun. — France illustrée. — Cantal.

par les Sarrasins en 728 et en 729 et ravagée par ces pillards barbares. Jadis siége de l'une des quatre prévôtés de la Haute-Auvergne qui avait, avec Aurillac, Chaudesaigues, Salers et Saint-Flour, le droit d'envoyer des députés aux états de la province, cette ville était fortifiée et possédait une abbaye de Bénédictins. Il est fait mention de cette abbaye dans une bulle du pape Urbain II en 1096. Au XVIe siècle elle fut prise et pillée par les Huguenots et ravagée par la peste. Aujourd'hui chef lieu de canton, Maurs possède une belle place ornée d'une fontaine jaillisante. Mais parmi tous ses plus beaux titres de gloire, Maurs peut compter l'illustre vierge de l'Hopital-Beaulieu qui naquit dans son sein. Née sur les confins des deux diocèses de Saint-Flour et de Cahors, à dix lieues d'Aurillac (Cantal), à trois lieues de Figeac (Lot), la vierge Fleur devait appartenir aux deux pays. à Maurs par sa naissance, à l'Hôpital-Beaulieu, c'est-à-dire Issendolus , par sa profession religieuse et par sa mort.

Au commencement du quatorzième siècle, vivaient à Maurs deux personnages, également recommandables par la noblesse de leur origine et par la sainteté de leur vie ; Pons de Corbie avait uni ses destinées à une noble compagne ; on l'appelait dans le pays la meilleure des femmes, dans la langue du temps elle avait nom Melhors. (1)

(1, Titres de Doat, bibliothèque nationale, Paris, rue Richelieu, p. 252 : « Histoire de la vie et des miracles de Sainte Flors,

Quelle était cette maison de Corbie de laquelle Pons était originaire ? Nous l'ignorons totalement, nous savons seulement qu'il était de noble race. Il y a lieu de croire, cependant, que cette famille habitait, selon toute apparence, à une époque antérieure, le château de Vinzella, dans le Rouergue, et avait des droits seigneuriaux sur les paroisses de Saint-Parthin et de Grand-Vabre. Il est permis de croire, en effet, que le père de notre sainte est le même Pons de Corbie qui, en l'année 1281, vendit à Eustache de Beaumarchais la seigneurie du château de Vinzella et tous ses droits sur les paroisses que nous venons de citer. Ce dut être peu auparavant que cette noble maison se fixât à Maurs (1). La vie primitive de sainte Fleur ne donne

religieuse de l'abbaye de l'Hôpital de Beaulieu, de l'ordre de Saint-Jean de Jérusalem, au païs du Quercy, fille de Pons et de Melhors du lieu d'Amaurts, extraite des écrits du père confesseur de cette sainte et contenue dans un vieux livre manuscrit.... La maison d'où elle est sortie se nommait Corbie. »

Idem — « En un lieu appelé à Maurs il y eut un homme appelé Pons et sa femme avait nom Melhors, lesquels étaient nobles de lignée et suivant le monde, &. » — « Avia a nom Melhors. » texte provençal du manuscrit du XIVᵉ au XVᵉ siècle. —

(1) XXXVI. Litera venditionis facta per Poncium de Corbia, domicellum, dicto domino Eustachio, de omni jure et censu ac Dominio quod et quæ habet in castro de Vinzella et in parochiis de sancto Porchenno et de grandi Vabro. Datum die martis post beatum Bricium, anno domini millesimo IIᶜ LXXX primo. Signatum. Folio III verso — XXXIIᵃ — (Histoire de la guerre de Navarre an 1276 et 1277, par Guillaume Anelier de Toulouse, publiée par Francisque Michel — Paris, imprimerie impé-

pas l'origine de sa mère. Hugues Amadieu qui, en l'année 1693, travailla sur le manuscrit original, dont le texte est aujourd'hui fort heureusement conservé à la bibliothèque nationale (1), a traduit Melhors par Melhorsie et n'ajoute plus rien (2). Le père de Mesplède, en l'année 1625, avait aussi traduit ce même manuscrit, laissant de côté ce nom propre, il dit qu'elle appartenait à la famille de Merle (3). Dominici a copié le récit du père de Mesplède (4).

Quoi qu'il en soit de cette origine, il est certain, qu'il y eut des religieuses de la maison de Merle, dès l'année 1298, au monastère de l'Hôpital-Beaulieu, et que cette maison est très-ancienne. Foulque de Merle fut fait maréchal de France en 1302; Foulque de Merle, damoiseau, vivait en 1308; un autre Foulque de Merle, chevalier, servait en Poitou et fut reçu à Fougères, le 11 août 1352, avec deux autres chevaliers et trois écuyers. Cette famille tirait son nom de la terre de Merle, située sur le territoire du prieuré de Saint-Constant, près de Maurs. Les ruines du château de

riale, MDCCCLVI, page 770.) Documents communiqués par M. Léon Lacabanes, professeur à l'école des chartes, conservateur de la bibliothèque nationale, Paris.

(1) Rue Richelieu, Paris.

(2) 6e vol. de juin, Bollandistes, appendice ad diem XI junii vita, caput 1, n° I.

(3) *Martyrologe universel français* de Châtelain corollaire des aémères, p. 931.

(4) Annales de Cahors, manuscrit du grand séminaire, page 319.

Merle, démoli au XVIe siècle par ordre de M. de Canillac, gouverneur, existent encore.

Pons et Melhors appartenaient ainsi par leur origine aux plus nobles familles de l'Auvergne. Ils étaient grands aux yeux du monde par l'éclat de leur naissance ; mais ils étaient bien plus grands devant Dieu par la noblesse que donne la vertu. Ils virent leur mariage béni : trois fils et sept filles furent le fruit de leur union. Quatre de ces dernières firent profession religieuse au monastère de l'Hôpital-Beaulieu, l'une d'elles s'appelait Flore et était vulgairement appelée Fleur. Les trois autres marchaient à grands pas dans la voie du bien, mais « celle, qui avait nom Flors, fleurit en toutes vertus et excellence de perfection » (1).

Elle naquit vers l'année 1309, on ignore le jour de sa naissance, elle reçut au baptême pour protecteur le saint apôtre de l'Auvergne. Dans la langue sacrée de l'Église elle fut appelée *Flora*, dont la traduction rigoureuse est Flore. Mais la jeune enfant, au foyer paternel et plus tard au monastère de l'Hôpital Beaulieu, ne fut jamais connue sous le nom de Flore, elle était vulgairement appelée *Flors*, *Flour* et dans la suite Fleur. Le plus ancien monument, qui nous reste de sa vie l'appelle en langue provençale *Flors* (2) ; parmi les historiens postérieurs qui ont parlé d'elle, les uns ont

(1) *Histoire de la vie et des miracles de sainte Flore.* Manuscrit en langue provençale du XIVe au XVe siècle, titres de Doat, page 252, bibliothèque nationale, Paris.

(2) Idem.

adopté le nom consacré par la liturgie, comme le père de Mesplède (1), Helyot (2), les frères de Sainte-Marthe (3), Hilarion de Coste (4) et Bosio, ils l'appellent Flore ; les autres, comme Marc-Antoine Dominici (5), et la vie manuscrite de Galiote de l'an 1702 (6) ne l'appellent que du nom de Fleur ; les Bollandistes et Hugues Amadieu emploient les deux noms ; d'après eux, Flore est le nom propre de notre sainte, et Fleur son appellation vulgairement usitée. (7) Cathala-Coture et Debons l'appellent encore Fleur-Blanche (8).

Il semble donc assez naturel de l'appeler de son nom vulgaire, c'est-à-dire Fleur. On la distingue ainsi, des autres saintes Flore, par exemple : sainte Flore de Cordoue, vierge et martyre, sainte Flore de Rome, martyre avec sainte Lucille. Sainte Fleur est unique de ce nom et particulière à la France.

Fleur embaumée des vallées de l'Auvergne, enfant

---

(1) Voir Châtelain, *martyrologe universel*, page 200 et 931.

(2) *Histoire des ordres monastiques*, 3e vol. p. 139.

(3) *Gallia christiana* 1er vol., p. 194.

(4) *Éloge et vie des reines*, etc. 1er vol., p. 775.

(5) Annales de Cahors. Manuscrit de la bibliothèque du grand séminaire, 1640.

(6) Bibliothèque Sainte-Geneviève, Paris, no 34, H. f. in-4°. Même manuscrit, mais incomplet, du Lycée de Cahors.

(7) Appendix ad diem XI junii § 1, n° 9. « Quod Galli proprium fæminis vocabulum sua lingua scribant Flore, non Fleur, id latinis debent, desumptum à Flora, sicque distingunt proprium nomen à suo appellativo Fleur. »

(8) Cathala-Coture, histoire du Quercy. Debons, annales de Figeac, p. 147.

bénie de Dieu, elle devait pleinement réaliser le sens
prophétique du nom qu'elle reçut au baptême. Fleur que
la tempête avait foulée, et qui se relève, répandant le
même parfum qu'elle a donné durant plus de quatre
siècles, a dit M. Louis Veuillot au sujet de notre sainte (1).
Dieu avait prévenu la jeune Fleur de grâces sin-
gulières; aussi sa première enfance ne fut pas une enfance ordinaire. Dieu se montrait jaloux de cette âme,
il la voulut toute pour lui. Ange d'innocence et de piété,
elle annonça dès l'âge le plus tendre ce qu'elle serait
un jour. « Dans ces premières années de la vie où les
enfants ordinaires ne rêvent que les jeux et les divertis-
sements, Flore déjà mûre pour Dieu méprisait les jeux
de l'enfance et tous les amusements dissipants. Elle
aimait à suivre sa pieuse mère, partout où elle allait
pour prier. C'est ainsi qu'on voyait la jeune Fleur sous
la conduite d'une bonne mère, avancer de jour en jour
dans l'amour et la pratique de la prière. Elle fuyait
comme un péril la compagnie des jeunes filles de son
âge, évitant de s'associer à leurs goûts et à leurs entretiens frivoles, montrant dans ses premières années,
par tout son maintien, et la gravité de ses mœurs, la
maturité de la vieillesse, en un mot, par la pratique de
toutes les vertus et la perfection de sa vie, elle était
de nom et de fait une véritable fleur. »

« Dix-neuf enfants de la même noblesse fréquen-

(1   Lettre de M. Veuillot

taient la même école, et se livraient ensemble à l'é-
tude des premiers éléments des lettres. Flore surpassait
toutes ses compagnes par la vivacité de son esprit,
sa pénétration facile et son avidité pour l'étude. A
peine ses progrès lui permirent-ils de lire couramment
les heures canoniales, qu'elle en profita pour les réciter
dévotement tous les jours. Elle avait un tel amour pour
la virginité, elle était si désireuse de la conserver,
qu'elle ne voulait pas même voir ou entendre parler
aucun homme, à plus forte raison ne voulut-elle jamais
prêter l'oreille à aucune parole qui eût trait au mariage.
Elle avait son esprit tellement plein de Dieu et de la
sainte Vierge mère de Dieu, que si la conversation ne
roulait pas sur Dieu, la sainte Vierge ou les saints,
on la voyait toujours distraite, tandis qu'au contraire
elle paraissait heureuse et extrêmement attentive si
on en parlait. C'est ainsi que nourrie et élevée dans la
piété, Fleur acheva dans la maison paternelle sa quatorzième année ».

« Lorsqu'elle eut fini sa quatorzième année, son noble
père, après avoir pris conseil de ses amis, songea sé-
rieusement à un établissement terrestre pour sa fille.
Les plus belles espérances du monde s'ouvraient devant
elle, car elle était d'une rare beauté, et la noblesse de
sa naissance lui promettait un brillant avenir. Mais déjà
depuis longtemps, Fleur avait elle-même fixé cet avenir,
elle avait choisi le Seigneur pour époux. Elle ne tarda
pas à s'apercevoir des desseins que son père avait
sur elle.

« Mon père, lui dit-elle, si vous m'aimez comme votre fille, ne soyez plus en sollicitude pour mon mariage, je me suis fiancée au Christ Jésus, je ne veux pas d'autre époux que lui ; aussi, je vous en prie, placez-moi au plus tôt dans un monastère pour y servir Dieu plus librement. » Les parents de Flore mirent tout en œuvre pour éprouver la vocation de leur fille, et enfin, désespérant de vaincre sa répugnance au mariage : « Puisque, dirent-ils, le Seigneur l'appelle, laissons-la obéir à Dieu ; elle appartient à Dieu plutôt qu'à nous : une opposition plus longue serait un crime ; il serait méséant pour nous de vouloir détourner notre fille de se donner au Seigneur. » Il fut donc résolu que la jeune Flore entrerait dans un monastère. — Bollandistes. — 6e vol. de juin, Appendice.

Tableau en relief de l'Église d'Issendolus.

CHAPITRE II.

Sainte Flore ou Fleur entre au Monastère de l'Hôpital-Beaulieu. — Premières années de sa vie religieuse. — Elle est tentée par le démon et consolée par la bonté divine.

Entre Figeac et le sanctuaire de la mère de Dieu, bâti sur la roche de Saint-Amadour, existait déjà, depuis près d'un siècle, un monastère fameux, nous avons raconté son origine et ses commencements pleins de ferveur. La renommée avait porté au loin le nom de ses pieux fondateurs, on l'appelait vulgairement : *le Moustier de madame Aigline* (1) ; on l'appelait encore : l'Hôpital-Beaulieu ou *Beluer*. C'était l'asile que Dieu avait préparé à sa fille chérie. Les deux Aigline s'étaient endormies dans le Seigneur, l'une avant 1298, l'autre venait à peine de s'éteindre, au plus tard en 1322. Un nuage avait un instant assombri les destinées de l'Hôpital-Beaulieu, la paix du monastère, troublée par la cabale d'Hélis ou Elize de Castelnau, allait reparaître dans ses murs avec une prieure choisie par la main du Très-Haut. Héritière des traditions de piété des deux Aigline de

(1) Châtelain, martyrologe universel français, page 931.

Thémines, Agnès d'Aurillac allait rendre au monastère sa régularité et sa ferveur, Dieu préparait à cette communauté naissante une grâce nouvelle. Le moment fixé par la divine Providence était arrivé. La jeune Fleur, déjà toute à Dieu, venait d'entendre une voix qui l'appelait : « Ecoute, ma fille, disait cette voix, prête-moi l'oreille de ton cœur, et vois ce que mon amour te destine ; oublie la maison paternelle et ton pays natal, et le Roi du ciel deviendra épris de la beauté intérieure de ton âme. » Elle avait répondu : « Seigneur, me voici. » La première opposition qu'elle avait rencontrée au foyer domestique avait disparu : Pons et Melhors avaient enfin donné leur consentement si ardemment désiré. Les obstacles étaient levés : Fleur était libre désormais de se donner au Seigneur. Elle fait violence à son cœur, elle s'arrache d'entre les bras de ses parents, elle part. Qu'ils sont beaux les pas de cette jeune enfant de quinze ans ! elle fuit avec dédain le monde qui lui sourit, et s'empresse d'aller renfermer dans la solitude les charmes trompeurs d'une beauté qu'elle redoute. Elle entre au monastère de l'Hôpital-Beaulieu ; trois de ses sœurs l'y avaient déjà précédée ou l'y accompagnèrent.

Les auteurs contemporains nous ont conservé peu de détails sur le noviciat religieux de la bienheureuse Fleur, sans doute parce qu'elle ne se distinguait des autres sœurs que par une piété plus intérieure, une humilité plus profonde, une régularité plus parfaite. La tradition locale supplée à leur silence : elle ajoute que la charité pour les pauvres et les pélerins faisait le fond principal du caractère propre de Flore. Hospitalière de St-Jean, elle n'était retenue dans son extrême charité que par la crainte d'outre-passer la mesure ; quelquefois même allait-elle un peu au-delà des bornes qu'une sage prudence impose. Un jour, selon sa coutume, elle portait aux pauvres, qui l'attendaient, d'abondantes provisions, renfermées dans un pli de sa robe ou dans son tablier ; elle rencontra la prieure sur son chemin ; la communauté était mécontente de la charité de la jeune novice, qu'elle blâmait comme excessive. La prieure devina aussitôt le mystère, et, s'adressant à la pauvre Flore, sans doute avec un visage sévère : « Ma fille, lui dit-elle, que portez-vous, si soigneusement caché? » — « Ma mère, répondit la jeune sainte, ouvrant le pli de son habit, ce sont des fleurs que je porte. » Dieu avait miraculeusement changé le pain de la charité en de magnifiques roses blanches. De là le nom de Fleur-Blanche, qu'on lui donna plus tard (1).

Après les épreuves ordinaires, la vierge Fleur fut admise à la profession religieuse, elle revêtit l'habit de l'ordre de Saint-Jean et fit les vœux solennels. Les auteurs ne disent rien de la formule des vœux, ni du cérémonial usité autrefois à l'Hôpital-Beaulieu. Quant à l'habit qui lui fut donné, il consistait en une robe rouge, avec une croix blanche rectangulaire sur la poitrine, et un manteau noir orné d'une croix blanche à huit pointes

(1) Voir pièces justificatives numéro 9.

sur le bras gauche. On peut le voir par la gravure qui la représente, elle est tirée d'Helyot, *Histoire des ordres monastiques*, 3e vol., page 129. Le tableau, en relief sur bois, préservé du pillage en 1793 et conservé dans l'église paroissiale d'Issendolus, représente sainte Fleur avec quelques légères modifications dans le costume.

Le manteau en forme de demi-tunique est attaché par-dessus la guimpe avec deux cordons; le rosaire, suspendu à la ceinture, est terminé par une croix rectangulaire. Ce tableau ne semble pas remonter au-delà du 17me siècle.

La jeune Fleur avait donc fixé son avenir par des vœux irrévocables : Dieu l'avait choisie pour épouse, un abîme infranchissable la séparait du monde et de ses dangers : elle appartenait à Dieu et Dieu était tout pour elle, elle était heureuse. Nourrie du lait des consolations divines, elle ignorait encore les amertumes de la vie ; semblable à ce petit enfant, aimable reflet de la candeur des anges, qui s'endort au sein maternel, Fleur avait jusque-là vécu comme endormie sur le sein de Dieu. Privilégiée dès le baptême, Dieu l'avait jusque-là comme bercée dans ses bras paternels. Mais il faut des épreuves à la sainteté et l'heure de l'épreuve était venue pour la pauvre Fleur. Tout à coup, une violente tempête s'éleva, un nuage sombre l'enveloppa des plus épaisses ténèbres, Dieu sembla, pour un temps, l'avoir abandonnée, comme un faible jouet, aux caprices du génie du mal. Nous avons déjà vu, ailleurs, les largesses dont l'Hôpital-Beaulieu avait été favorisé : ce monastère enrichi de revenus immenses, abondait de tous les biens de ce monde. Peu de temps après sa profession religieuse, un jour la vierge Fleur éprouve un trouble inaccoutumé, un ennemi invisible s'impose à son esprit, une pensée en apparence lumineuse lui présente le monastère sous un faux jour. Elle est subitement frappée de la richesse de ses habits, de l'opulence du monastère, elle voit les richesses partout, la pauvreté nulle part. Que deviendra sa vertu au milieu des plaisirs que les richesses procurent ? Etonnée, saisie d'épouvante, croyant voir l'abîme là où elle avait cru trouver le salut, elle s'arrête subitement glacée de terreur, et comprimant au fond de son cœur la douleur profonde qui l'accablait : « O captive, dit-elle, (1) tu as rejeté avec mépris l'habit séculier, tu soupirais après la vie religieuse, dans l'espoir de faire pénitence et tu n'as eu en partage qu'un lieu de délices. Que deviendras-tu ? Comment pourras-tu plaire à Jésus-Christ ? »

Obsédée par l'esprit infernal, telles étaient les réflexions et autres semblables, qu'elle roulait dans son cœur ; cette pensée cruelle, comme un trait acéré, y demeurait toujours gravée et toutes ses réflexions aboutissaient à un abîme sans fond et sans issue. Pendant qu'elle était ainsi agitée par ces peines intérieures, Dieu conduisit au monastère de l'Hôpital-Beaulieu un religieux d'une éminente sainteté. « La vierge Flore

(1) « O captive, » traduction de Doat, du texte provençal du XIVᵉ au XVᵉ siècle Bibliothèque nationale, Paris.

fut aussitôt le trouver, soit pour se confesser à lui, mais surtout pour découvrir à l'homme de Dieu les amertumes de son cœur. « Oh! lui dit-elle, au milieu de cette grande abondance de tous les biens de ce monde, que-je crains la damnation éternelle de mon âme! »

L'homme de Dieu lui répondit : « Déposez votre crainte, ma fille, fidèle à vos vœux, usez sobrement de ces biens et pour le strict nécessaire seulement, et ces richesses mêmes deviendront pour vous l'occasion de bien grands mérites. Au lieu de vous affliger, rendez plutôt grâces au Dieu tout-puissant. Dieu a soin de vous; Dieu a largement pourvu ce monastère des biens temporels, afin que vous puissiez plus efficacement soulager les misères des pauvres et subvenir à leurs besoins; car les pauvres, privés de secours convenables, oublieraient facilement le service de Dieu, et embarrassés comme par des chaînes dans les difficultés de leur malheureux sort, ils souffriraient, en murmurant, leur pénible condition, et refuseraient bientôt à Dieu la soumission qui lui est due; tandis qu'au contraire, soulagés par des mains charitables, ils apprennent à aimer Dieu, source de toute charité. Pourquoi donc vous affliger! Ceux qui, pourvus de l'abondance de tous les biens, méprisent avec joie les superfluités de la vie, servent Dieu seul, refusent les douceurs du bien-être, et n'usent de ces biens que pour obéir aux lois impérieuses de la nécessité; ceux-là accroissent leurs mérites d'une manière merveilleuse par ces privations continuelles , et fortifient les faibles par l'exemple d'une si rare vertu. »

« En entendant ces paroles, la vierge Flore les recueillait d'un cœur avide ; tous les flots de cette crainte s'évanouirent pour faire place aux consolations les plus douces ; elle commença à avancer plus rapidement encore dans le service de Dieu , et comme si elle n'eût connu ni homme ni femme sur la terre , désormais elle devint uniquement attentive à Dieu , dirigeant sans cesse vers lui toutes les pensées et toutes les affections de son âme. La vie solitaire occupait tellement cette âme , elle était tellement assidue à la méditation des choses célestes , elle y persévérait avec tant d'ardeur , qu'elle paraissait plutôt comme un ange descendu du ciel , qu'une créature qui aurait jamais vécu dans le monde. »

« A peine la jeune vierge tout entière à Dieu avait-elle reçu l'esprit de cette vie nouvelle , lorsque voilà de nouveau que l'ennemi acharné de toute sainteté, le démon, est saisi de fureur et de rage ; il veut à tout prix détourner la servante de Dieu de cette voie où elle vient d'entrer , il tourne contre elle toutes ses machines de guerre et toutes ses ruses. Et d'abord il s'attaque à son vœu de chasteté , il met devant ses yeux tous les plaisirs opposés à cette angélique vertu. A ces affreuses images il joint la perfidie de ses mensonges , il lui présente ces brutales jouissances comme convenables , honnêtes , utiles ; il va même plus loin , il veut lui en faire une nécessité , un ordre venu de Dieu ; il objecte à l'appui de ses mensonges l'autorité de la Genèse, en particulier le passage où Dieu s'adressant à Adam, à Noé et à ses fils, leur intime sa volonté : *Croissez et multipliez-vous*, etc. , remplissez la terre, etc. (1) *Mauvais vert*, s'écrie la jeune vierge, que ces horribles choses soient le partage des mondains, je le veux bien, mais pour des religieuses qui ont consacré à Dieu leur chasteté par un vœu solennel, la pensée seule de ces choses obscènes, serait un crime ! Mais toi qui ne peux rien que par la permission de Dieu, retire-toi bien loin de moi, ne cherche plus à me séduire. »

« L'ennemi repoussé ne se rebute pas : étonné de la vertu de cette jeune fille, il ajoute aux caresses les menaces et la terreur. Je veux que tu saches, lui dit-il, qu'il faudra bien que tu finisses par donner ton consentement au péché de la chair et à la perte de ta chasteté, ou bien je te troublerai tellement par mes assauts continuels, je te ferai tant et tellement souffrir de peines de la part des autres religieuses, qu'il faudra bien enfin que, consumée d'amertume et de tristesse, tu finisses par tomber dans le désespoir, et par le désespoir dans les tourments de la damnation éternelle. Or, comme quel péché que ce soit de la chair est plus léger que le désespoir, puisque le désespoir est ce péché contre le Saint-Esprit qui n'est remis ni en ce monde ni en l'autre, il serait plus heureux pour toi de consentir au péché de la chair, que je te propose, parce qu'après l'avoir commis il te resterait encore une ressource dans les salutaires

(1) Dans le manuscrit en langue vulgaire *Malvert*, XIVe ou XVe siècle.

rigueurs de la pénitence pour te laver de cette souillure, plutôt que de m'obliger à t'entraîner dans l'enfer par le désespoir. »

« S'armant du signe de la croix plusieurs fois répété, levant les yeux et les mains au ciel, fuyant çà et là, courant sans avoir un instant de repos à travers le monastère, elle priait le Dieu tout-puissant, lui demandant aide et conseil, elle invoquait la sainte Vierge, mère de Dieu, et ceux d'entre les saints qu'elle honorait d'une dévotion spéciale, elle suppliait tous les saints, implorant miséricorde. Ce long et dur combat se terminait enfin en larmes amères que la chaste vierge répandait devant le Seigneur, jusqu'au jour où touché par ses larmes, le Rédempteur lui rendit sa bienveillance accoutumée en écartant d'elle son ennemi acharné, sans que jamais il eût pu obtenir d'elle le plus léger consentement ni lui nuire en aucune manière. »

« Or, pendant la longue durée de cette violente tentation, alors que les attaques du démon Asmodée devenaient plus pressantes, la résistance de la jeune sainte devenait plus pénible, alors que ses yeux demeuraient fixés vers le ciel et que ses mains se soutenaient longtemps tendues vers les astres, pendant qu'en même temps elle éclatait en soupirs et fondait en larmes amères, et qu'accablée de fatigue elle courait à travers le monastère, elle cachait au fond de son cœur la plaie qui la torturait, personne n'était dans le secret des peines intérieures qui la consumaient. Les autres religieuses voyaient avec peine la pauvre Flore accablée par

une tristesse qui durait toujours, toujours toute en larmes et courant ainsi d'une manière désordonnée ; elles
ignoraient le terrible combat qui se passait au fond de
son âme, et ses mouvements des yeux et des mains
vers le ciel, et tout son maintien, elles attribuaient
tout cela à la folie, elles croyaient leur malheureuse
sœur prise de vertige et devenue folle. Plusieurs même
de ses compagnes s'entretenaient entre elles de cette
manie et de cette folie singulière ; et si par hasard des
moines venaient au monastère, soit pour entendre leurs
confessions, soit pour leur demander l'hospitalité, quelques-unes des religieuses avaient soin de prier leurs
hôtes de reprendre sévèrement la sottise et la démence
de leur malheureuse sœur devenue folle. » (1)

(1) Les quelles choses la vierge Flore voyant, elle se signa du signe de
la croix, et fuyant et courant par le monastère les yeux et les mains
levés vers le ciel, elle demandait conseil à notre Seigneur et assistance,
et priait de cela la vierge Marie et les saints qu'elle avait en dévotion et
en particulier, à tous les saints et saintes du paradis, demandant miséricorde, et dans cette dure bataille ainsi posée, elle répandait des larmes
amères devant notre Seigneur, lesquelles notre Seigneur regardait, et
l'ennemi ne put en aucun temps l'attirer à son contentement en aucune
manière, et comme la fille était en plus grand trouble, elle s'abandonnait
plus à ses transports et courait souvent par le cloître et par le monastère levant les mains et yeux vers le ciel, pleurant avec amers soupirs
sans rien dire de cela à aucune des autres, ni leur manifester pourquoi
elle souffrait telle peine, et c'est pour cela que lorsque les autres la
voyaient ainsi aller les yeux et les mains levés vers le ciel, courant et
pleurant, elles la réputaient pour folle et croyaient qu'elle fût hors de son
sens, et d'aucunes il y avait qui l'accusaient comme une forcenée et les
autres en parlaient en public et en secret, et lorsque les religieux venaient

« A toutes les accusations et à tous les reproches, la jeune vierge répondait par le silence, gardant un secret inviolable sur ses peines ; elle répandait des larmes journalières, indices de sa douleur intérieure : et souvent à l'exemple de Magdelaine, prosternée aux pieds du Sauveur, elle passait les nuits en prières. C'est ainsi qu'au milieu des flots des tentations, ses pensées fixées sur Dieu retenaient son âme toujours élevée vers lui. Ne mettant jamais sa confiance dans l'homme ou dans un bras de chair, elle ne demandait jamais à aucune créature consolation et secours. Inutilement, en effet, elle l'eût cherché dans le monastère ; car elle entendait toutes les sœurs parler mal d'elle et ne recevait de toutes que de dures paroles ; elles exerçaient tous les jours sa patience de mille manières, à cause de cette démence et de cette folie apparente, et la conduisaient fréquemment devant les religieux qui passaient au monastère pour la tourner en ridicule

les autres la traitaient comme folle et insensée et la faisaient blâmer aux religieux, et elle ne s'excusait point à aucun et à peine leur répondait-elle mot ; mais pleurant toujours devant Dieu comme la Magdelaine ; ainsi posée au milieu des tentations, elle tenait son cœur droit et élevé vers Dieu et sur tout cela elle ne pouvait trouver entre toutes ni en aucune si ce n'est en Dieu consolation ni remède, car comme dit est, les autres répétaient et faisaient répéter insensée, et l'avaient en cette estime et la maltraitaient avec les religieux et avec les autres, et elle souffrait tout cela et le démon lui procurait ces maux pour la faire désespérer, comme il l'en avait menacée... Traduction littérale du manuscrit provençal du XIVe au XVe siècle, faite par ordre de Louis XIV, par de Doat, page 299, manuscrit de la bibliothèque nationale, Paris.

et se moquer d'elle. Toutes ces peines arrivaient à la
jeune Flore, à la persuasion et à l'instigation de Satan
le démon espérait, comme il le lui avait promis, que
la pauvre fille fatiguée de tant de luttes, finirait
par tomber dans le désespoir. »

« La grâce de Dieu soutenait la jeune vierge ; elle
lui donnait la force de garder le silence au milieu de
ses peines, et de tout souffrir avec courage et de bon
cœur. Mais enfin, le miséricordieux Sauveur dont la
bonté paraît pour toutes ses créatures et en particulier
pour les âmes pures qui se donnent à lui, Dieu qui
n'éprouve ses âmes fidèles que pour les rendre meilleures, n'oubliant jamais de venir à leur secours, lorsque leur affliction est à son comble, Dieu eut enfin
pitié de la pieuse vierge Flore ; accablée sous le poids
de tant de luttes et de peines, il résolut de la consoler,
et de rendre la force à son âme en la faisant participer aux « douleurs ineffables de sa passion. » Et voici
comment cela arriva : « A cet ange qui était peint devant le parloir, sur le couvert du cloître », le Christ
Jésus, sous une forme sensible, se présenta devant les
yeux de la vierge affligée, et frappa son esprit d'une
impression si forte que pendant environ trois mois,
cette vision demeura présente devant elle, sans qu'elle
pût jamais la perdre de vue. D'où qu'elle vînt, où
qu'elle allât, en quelque lieu qu'elle s'arrêtât, elle
voyait présent devant elle son Sauveur transpercé de
plaies, couvert de crachats et dégouttant de sang. Elle
considérait avidement dans son cœur les souffrances af-

freuses et les inexprimables douleurs que Notre-Seigneur Jésus-Christ a voulu endurer pour tous les pécheurs et toutes les pécheresses. Sortait-elle du réfectoire ou du dortoir, Notre-Seigneur sortait comme elle. Jésus-Christ se présentait devant ses pas , blessé et tout sanglant , il fixait sur elle ses yeux pleins de larmes et son visage plaintif. » (1)

« Pénétrée de la compassion la plus vive et dont le sentiment demeurait sans cesse , Flore fondait en larmes pareilles , comme une cire molle, sous l'ardeur du feu qui la consumait , son âme recevait l'empreinte fidèle de toutes les douleurs du Sauveur , et en sentait toute l'amertume. Il lui semblait porter dans ses entrailles Jésus-Christ attaché à la croix. Lorsqu'elle marchait, ce sacré fardeau paraissait l'écraser comme d'un poids énorme , elle souffrait au-dedans d'elle-même comme si les bras de la croix du Sauveur avaient intérieurement disloqué sa poitrine , et comme si elle-même eût été clouée sur la croix. Elle éprouvait souvent au côté droit une douleur extrême, elle souffrait aussi horriblement

(1) «Car anaqûel angial de la claustra que ere pench que es davant lo parlador sus en la cuberte de la claustre J. C. apparere so forec à la soa devote virgis Flors contuniadement a l'en viro de tres mes en aïssi que don que ela vengues ela lo vesia aqui tout nafrat et amcare plorava et regardant ela et metia lin dedins lo seo cor soque el avia sostegut per touts nos autres peccadors et peccayrits. »

Texte provençal des actes originaux de la vie de sainte Fleur, XIVe ou XVe siècle ; manuscrit de la bibliothèque nationale, Paris, de Doat page 257.

que si la lance l'eût entr'ouvert, le sang s'y portait en si grande abondance, que souvent elle en était comme étouffée, alors qu'elle était en prière, et enfin il s'échappait comme un ruisseau sanglant de sa bouche toute rougie. C'est ainsi qu'elle fut totalement changée en une autre, qu'elle apprit à mourir à toutes choses, afin de ne vivre que pour Jésus-Christ seul. Or, pendant qu'elle souffrait ainsi de la passion du Sauveur par une pitié compatissante, à l'exemple de l'apôtre saint Paul, elle croyait ne savoir autre chose que son Sauveur et son Sauveur crucifié. » (1)

« Fleur n'en était que plus vigilante sur elle-même, dans la crainte de tomber dans les pièges du démon, dont elle connaissait la malice. Elle s'étudiait à cacher son trésor au fond de son cœur : mais, plus elle s'efforçait de tenir étroitement cachée la flamme de l'amour divin qui brûlait son âme, plus la douleur devenait ardente dans l'intérieur de ce sanctuaire, et cependant elle n'était pas sans mélange d'une douceur intérieure totalement ineffable. Bientôt tombant à genoux, à ce verset : *Veni, sancte spiritus*, etc., venez, Esprit Saint, etc., elle se sentait toute embrasée, et brûlant d'un feu merveilleux ; elle devenait incapable de dire une parole ou de l'entendre, ne pouvant plus que se

---

(1) Au 17e siècle on avait encore conservé le lieu de cette apparition. Madame de l'Hôpital avait appris des anciennes, que c'était le bout de l'ancienne galerie des infirmeries, qui appuie sur son grand bâtiment. Manuscrit de la bibliothèque Sainte-Geneviève, Paris — Vie de Galiote.

livrer toute entière à l'ardeur de l'amour divin, dont son cœur était enflammé. C'est ainsi qu'embrasée de l'amour de Dieu, consumée par le désir le plus ardent des choses célestes, fatiguée par tant de luttes, éprouvée par les tentations les plus diverses, Flore se trouva toute changée et comme transformée en une créature nouvelle. Elle attira sur elle les yeux de son bien-aimé, et enfin par son secours le dur hiver des douleurs, des peines, de la tristesse et des tentations passa, les orages cessèrent, et l'épouse fidèle, consolée par un sentiment merveilleux des biens célestes, trouva enfin le repos. »

« Dieu alors la récompensa tantôt par la ferveur de l'esprit, tantôt par une douceur intérieure, souvent même elle éprouvait corporellement, par un état plein de charmes, comparable à la manne qui prenait tous les goûts, le bonheur de la grâce divine. D'autres fois, éclairant son esprit d'une lumière surnaturelle, Dieu lui découvrait l'avenir, et dévoilait devant elle le secret des choses les plus cachées. Dans le principe elle avait tellement à cœur de garder le silence sur les grâces secrètes que Dieu lui faisait, que lorsqu'elle pressentait la venue des dons célestes, et l'arrivée pacifique du Roi éternel, qu'elle allait recevoir, elle feignait d'être malade et se faisant un rempart des rideaux de son lit, elle cachait à tous les yeux les ardeurs de l'amour de Dieu qui la consumaient et le bonheur du ciel qui était au fond de son cœur. Cette heureuse paix dont elle jouissait ne put échapper longtemps à l'œil vigilant de Satan, et aussitôt il chercha de nouveau à la troubler et à l'agiter des flots innombrables de tentations nouvelles. Mais Dieu qui avait suffisamment éprouvé la fidélité de sa servante et la fermeté de son âme, vint aussitôt à son secours, de peur qu'elle ne fût vaincue par ces tentations et ces tribulations nouvelles ; c'est ainsi que nous combattons contre un ennemi bien faible, qui ne peut nous nuire que lorsque nous le voulons bien. »

« Or, voici comment le Dieu des miséricordes jeta sur sa servante un regard de bonté, et lui donna la palme de la victoire, après les fatigues de ces derniers combats. Un jour, prosternée à genoux, elle priait avec ferveur : à ses côtés parut un ange du Seigneur, il était armé d'un glaive à deux tranchants ; l'éclat et le double tranchant de cette arme céleste, était le symbole fidèle de la parole de Dieu qui pénètre plus profondément que le glaive à deux tranchants le plus affilé, 'a dit l'apôtre. La jeune vierge, prenant dans ses mains la poignée d'un travail merveilleux de ce glaive symbolique, armée par Dieu lui-même contre tous les assauts du démon notre ennemi, elle apprit tellement par son expérience à mépriser le démon, que la crainte et la terreur n'eurent plus accès dans son cœur ; armée de la parole de Dieu, elle repoussait sans aucune peine les fantômes effrayants, et toutes les ruses des malins esprits, et au-dedans d'elle-même les divines consolations étaient comme une douce rosée pour son âme. Bien plus, victorieuse dans ce combat, cette jeune fille consacrée à Dieu, devint une colonne de fer et une ville forte : et elle était tellement connue comme un arsenal de doctrine et de grâces célestes, que tous ceux qui étaient affligés de peines, de tentations ou d'autres maux, venaient aussitôt trouver Flore : et grâce à ses prières ils ne se retiraient jamais qu'heureux et contents et après avoir obtenu consolation et secours. »

« Les miracles que nous allons rapporter en terminant ce chapitre, sont de l'historien qui écrivit sa vie au XIVe ou au XVe siècle : jusqu'ici nous avons cité fidèlement les mémoires du confesseur de Flore.

» Au commencement de cette vie plus parfaite, alors qu'elle était en proie à tant de tourments et de peines ; assurément elle ne désirait pas la vengeance. Mais Dieu prenait soin de sa défense, comme l'éprouvèrent plusieurs personnes qui se moquaient d'elle et de sa manière de vivre : elles furent frappées de punitions affreuses : on cite en particulier une femme qui mourut misérablement de la maladie appelée feu de St-Antoine. » (1)

« Lorsque Flore était encore en vie, on lui amena un jour une jeune fille possédée depuis longtemps du démon, elle avait passé neuf jours entiers sans dire une parole et sans prendre de nourriture.. La sainte pria pour elle, et en présence de plusieurs religieuses elle lut le chapitre premier de l'Evangile selon saint Jean, et le démon sortit du corps de cette pauvre fille et s'en alla. »

« Le frère de la jeune sainte était retenu à Figeac par une maladie grave ; sa pieuse sœur se mit en chemin

______

(1) Voyez pièces justificatives n° 11 à la fin de l'ouvrage.

pour aller le voir. (Les religieuses de ce monastère à cette époque n'étaient pas encore soumises à la clôture comme elles le sont aujourd'hui) (1). Elle était arrivée à peu près à moitié chemin, sur le bord d'un ruisseau qui traverse le Bourg (2), « le chemin était encaissé, fangeux, presque impraticable, c'était un véritable bourbier. » Le démon se présenta au devant d'elle : « c'est ici, lui dit-il, que je t'attendais » ; et au même instant il renversa le cheval et celle qui le montait au milieu du ruisseau. Aussitôt la vierge intrépide, sans éprouver le moindre sentiment de crainte, accoutumée qu'elle était aux assauts du démon, s'arma du signe de la croix et sortit de l'eau aussi sèche que si elle n'y fût pas tombée, son vêtement ne fut pas même mouillé ; et elle parut toute brillante d'une lumière qui vint subitement l'environner, en présence de plusieurs personnes qui en furent témoins. Le pauvre cheval de son côté se releva et sortit de l'eau tout mouillé et tout ruisselant du bain qu'il venait de prendre malgré lui. — Deux frères de l'ordre des mineurs, tout-à-fait étrangers, passaient dans cette contrée venant de bien loin : l'un de ces frères épuisait inutilement tous ses efforts pour continuer sa route, il était retenu par une force secrète et ne pouvait faire un pas, tandis qu'il se sentait fortement attiré vers le monastère. Etonné de ce prodige, il découvrait à son compagnon de voyage l'embarras où

(1) En 1693.
(2) Le Bourg, canton de Lacapelle Marival.

il se trouvait, lorsqu'au même moment une femme se présente à lui et le prie au nom de Flore de venir lui parler. Mais le religieux s'excusant sur la force secrète qui le retient comme cloué à la place qu'il occupe, prie de son côté Flore de vouloir bien venir vers lui. La sainte fut donc trouver l'homme de Dieu, et ils s'entretinrent des choses divines avec tant de charmes, que Dieu seul peut connaître la consolation intérieure qui en revint à l'un et à l'autre. »

« Une femme pieuse était venue en pélerinage au monastère, elle passa la nuit en prières avec Flore. Au moment de partir de grand matin, elle s'aperçoit de la disparition de son sac de voyage, qu'on lui a volé. Elle se met à pousser des cris et à pleurer; elle fait à Flore presque un ordre de prier pour elle, afin qu'elle puisse recouvrer les quelques deniers qu'elle avait mis de côté pour le voyage et ses hardes. Elle s'en va : à mi-chemin entre l'Hôpital et Gramat, à peu près à une demi-lieue elle rencontre son voleur, elle reconnaît son sac sur ses épaules, et se jette sur lui pour le reprendre. « Prends-le, lui dit le voleur, car je ne puis faire un pas en avant, comme si tu m'avais enchaîné ici par des prestiges et des maléfices. » La pauvre femme, toute joyeuse, revient sur ses pas, rentre au couvent, raconte ce qui vient de lui arriver, et rend grâces à Dieu. »

Bollandistes, appendice au onzième jour de juin, 6ᵉ vol.

CHAPITRE III.

Ravissements de Flore et ses extases écrites par son confesseur lui-même.

Il est dans l'ordre de la divine sagesse que la tentation éprouve le juste. L'or passe par le creuset, et le courage d'un vaillant soldat n'est connu qu'au feu des batailles. Les afflictions de Job ont laissé à la postérité un admirable exemple de patience. La vertu grandit et se développe merveilleusement au souffle du vent de l'adversité, les épreuves sont le caractère des œuvres de Dieu. Jusqu'au jour, où le tentateur avait reçu le pouvoir de la poursuivre de ses terribles assauts, Flore avait vécu humble et ignorée. La servante de Dieu avait toujours caché les dons du ciel et son humilité avait été en partie l'innocente cause des afflictions extérieures qui avaient fondu sur elle. Mais Dieu qui destinait l'humble vierge à devenir un parfait modèle pour les siècles futurs, Dieu voulut placer cette ardente lumière sur le chandelier, Flore n'avait pu cacher les faveurs divines, et le don des miracles avait mis sa sainteté au grand jour. Lorsque l'aube matinale blanchit le ciel, le soleil semble quelquefois nager au milieu des brouillards, mais peu à peu l'astre étincelant s'élève sur l'horizon, il s'élance dans l'espace et parcourt en vainqueur la région.

des cieux , inondant l'univers de sa lumière. Astre bien-
faisant dans son essor vers le ciel , la jeune Flore
avait vaincu les ténébreuses puissances de l'abîme , elle
s'élançait à pas de géant dans la voie de la sainteté ,
Dieu lui rendait au centuple en dons et en faveurs surnaturelles ce qu'elle avait souffert pour lui ; à partir de ce
jour il sembla qu'il en eût fait comme un ange tutélaire
sur la terre. La réputation de sa sainteté avait volé au
loin , de tous les lieux voisins et de contrées plus loin-
taines , les malheureux recouraient à elle. « Plusieurs
ne pouvant se rendre au monastère exprimaient par lettre
leurs besoins à Flore et , aussitôt, le Seigneur , touché par
les prières de sa servante , leur accordait leur demande.
Douée du don de prophétie , elle annonçait de la manière
la plus certaine les événements futurs ; éclairée de la
lumière d'en haut , quoique absente corporellement, elle
avait connaissance des faits qui se passaient loin d'elle ,
elle découvrait le secret des choses les plus cachées et
ses extases et la douceur de ses ravissements se pro-
longeaient pendant un long espace de temps. (1)

Le jour consacré par l'Eglise à honorer tous les saints ,
le premier novembre , Dieu la favorisa d'une grâce extraordinaire. Ce jour-là les prêtres lisent à l'introït ces
paroles : « Réjouissons-nous tous dans le Seigneur , car
nous célébrons la fête de tous les Saints , et dans cette
solennité les anges se réjouissent et d'un commun accord
ils louent le Fils de Dieu. » On lit à l'épître de ce jour :

____

(1) Bollandistes.

« Je vis encore un autre ange qui montait du côté de
l'Orient, ayant dans ses mains le sceau de Dieu vivant :
et il cria à haute voix aux quatre anges qui avaient reçu
le pouvoir de frapper de plaies la terre et la mer : Ne
frappez point la terre ni la mer, ni les arbres, jusqu'à
·ce que nous ayons marqué au front les serviteurs de
notre Dieu. Et j'entendis que le nombre de ceux qui
avaient été marqués était de cent quarante-quatre mille
de toutes les tribus des enfants d'Israël. De la tribu de
Juda il y en eut douze mille de marqués, etc..... Je
vis ensuite une grande multitude que personne ne pouvait compter, de toute nation, de toute tribu, de tout
peuple et de toute langue, ils étaient debout devant le
trône de l'Agneau, vêtus de robes blanches et ayant
des palmes à la main. Ils chantaient à haute voix :
Gloire à notre Dieu qui est assis sur le trône et à
l'Agneau, etc..... » (1) « Flore était· au chœur, elle
chantait ces paroles du disciple bien-aimé : *Vidi turbam
magnam*, etc. J'ai vu une grande foule, etc. Elle méditait ces paroles, dont saint Jean se sert pour exprimer
la multitude des bienheureux, lorsque son esprit fut ravi
au ciel ; elle demeura dans cet état jusqu'aux secondes
vêpres du jour où l'Eglise fait la fête de sainte Cécile
vierge et martyre. Elle passa vingt-deux jours dans des
rapports presque continuels avec les bienheureux ; rappelant dans sa personne les ravissements des premiers
fidèles. Elle méditait dans son cœur sur le bonheur

(1) Chap. 7. apoc.

des saints confirmés en grâce , bonheur parfait par la réunion de tous les biens , bonheur comparable à un torrent de délices et à un océan de volupté céleste , où les bienheureux se rassasient à longs traits sans la moindre crainte pour l'avenir de pécher et de se perdre. La douceur de cette pensée lui donnait un désir ardent de voir la gloire dont fes saints jouissent ; l'ardeur de ce désir devint si grande, qu'elle semblait elle-même jouir de ce bonheur avec eux par la vue que Dieu lui en donnait ; brulée intérieurement par la flamme de ce feu céleste , ces paroles du roi-prophète s'échappaient sans cesse de sa bouche, mêlées de soupirs : « Seigneur, tout mon désir est devant vous. » Ces paroles étaient toujours présentes à son esprit : le jour et la nuit , qu'elle fût à genoux ou prosternée contre terre, qu'elle parlât ou qu'elle se tût, qu'elle mangeât ou qu'elle bût , qu'elle priât de vive voix , qu'elle réfléchît ou qu'elle méditât , et la douceur de ce désir comblait d'une joie délicieuse et continuelle cette épouse choisie de Dieu qui en était toute inondée en sa présence. » (1)

On était arrivé au 22 novembre et Flore était toujours en extase. Cependant l'Eglise universelle célébrait la fête de sainte Cécile , vierge et martyre , et , partout au fond des temples , dans le silence des presbytères , dans l'ombre des cloîtres , sous les voûtes des abbayes, des monastères et des couvents , à cette grande époque du XIVe siècle , des voix religieuses redisaient ces pa-

(1) Bollandistes.

4

roles de l'office des vierges : « Seigneur, mon Dieu , que votre nom est admirable dans tout l'univers..... (ps. 8).

Les cieux racontent la gloire de Dieu, et le firmament est l'ouvrage de ses mains. Le jour la raconte au jour, et la nuit la raconte à la nuit..... (ps. 18). Qui s'élèvera sur la montagne sainte ?.... L'innocent de ses mains et le cœur pur..... Il recevra la bénédiction du Seigneur...... Ouvrez-vous portes du ciel... (ps. 23). Belle et admirable, avancez-vous, soyez heureuse et régnez. A cause de la vérité, de la douceur et de la justice, la droite de Dieu vous conduira admirablement... Vous avez aimé la justice, et haï l'iniquité, c'est pour cela que Dieu vous a ointe de l'huile de la joie par-dessus toutes vos compagnes.......

La reine se tiendra à la droite dans un vêtement doré, étincelant d'ornements variés. O ma fille, écoutez et voyez, prêtez-moi l'oreille de votre cœur : et vous oublierez votre peuple et la maison de votre père et le Roi de gloire vous aimera... Les vierges l'accompagneront... et seront conduites au temple du Roi. (ps. 44).

Le jour venait de se terminer, la nuit avait couvert de ses ombres l'Hôpital-Beaulieu, la cloche du monastère avait sonné le repos, le moindre bruit ne se faisait plus entendre ; au milieu du silence, un ange veillait encore, Flore se préparait à passer la nuit en prières : « elle contemplait dans son esprit la bienheureuse martyre, elle considérait avec délices ses noces solennelles avec son époux céleste, elle la voyait entrer dans le palais du Roi du ciel et dans la joie de son Seigneur, elle l'accompagnait affectueusement par la pensée : lorsque voilà tout à coup qu'elle est de nouveau subitement ravie, et entrant par son esprit dans le ciel, il lui sembla voir une vierge tout à fait admirable et ornée d'une manière merveilleuse, elle était au milieu d'une foule innombrable de vierges, elles se livraient à la joie environnées d'une grande gloire et on entendait l'harmonie des cantiques, mais cette vierge les dominait toutes par la hauteur de sa taille. Flore toute saisie et frappée d'étonnement par la beauté de ces vierges, la douceur de ces chants, la richesse des ornements, l'éclat et les agréments infinis de ce lieu (car jamais elle n'avait vu rien de semblable), Flore s'adressa à l'ange qui lui servait de guide et lui demanda quelle était cette noble dame ? L'ange lui répondit : C'est la vierge Cécile, dit-il, elle conserva sa foi et son vœu de chasteté, elle souffrit sur la terre les douleurs les plus cruelles du martyre, elle a obtenu dans le ciel la gloire éternelle et aujourd'hui elle est reine. »

« La servante de Jésus-Christ revint à elle-même vers l'heure de complies, elle était tellement rassasiée du torrent de délices qn'elle avait goûtées pendant cette vision qui avait duré l'espace d'un jour, depuis la récitation de matines jusqu'à complies, que, sourde aux avis et aux prières de dame Ayceline, religieuse du même monastère et sa proche parente, on ne put jamais lui faire prendre la plus légère nourriture ; mais toute remplie de ferveur elle prend avidement son bréviaire, pour réciter l'office canonial et passer encore la nuit en prières. La lumière du lendemain n'avait pas encore paru avec le soleil, lorsque ravie une seconde fois, elle passa tout ce second jour, comme le premier jusqu'au soir dans la contemplation des choses célestes. Avertie une seconde fois de prendre quelque nourriture, elle ne voulut en rien faire. Elle était en effet tellement hors d'elle-même, qu'elle ne pensait plus ni à elle-même ni aux personnes qui l'entouraient ; mais dans la ferveur de son cœur elle paraissait toute brûlante et comme consumée des feux de l'amour divin, elle se répandait tout entière en larmes bien douces. »

« Le troisième jour, Flore toujours animée des mêmes feux célestes, un ange du Seigneur se présenta à elle sous la forme d'un jeune homme richement vêtu, et lui offrit un calice d'or plein jusqu'au bord d'une liqueur divine : « Bois, lui dit-il, prends dans tes mains ce calice de salut que le Seigneur t'envoie, et à l'avenir ne refuse plus une nourriture nécessaire pour réparer les forces du corps. » A peine avait-elle goûté de cette liqueur céleste, que pénétrée d'une douceur ineffable, elle fixe attentivement l'angélique messager, porteur de ce calice. Mais l'ange, comme en se jouant, répand sur le visage de la sainte tout ce qui restait encore de la divine liqueur au fond de la coupe, et disparaît. Flore, le visage tout mouillé, revient à elle-même et passe trois jours entiers sans prendre aucune nourriture corporelle, soutenue par la vertu divine de cette céleste boisson, et comme les autres sœurs la pressaient, elle leur répondait qu'elle passerait facilement quinze jours sans prendre aucune nourriture ou aliment, tant la douceur de ce breuvage céleste soutenait ses forces, qu'elle ne souffrait plus de la soif ou de la faim. »

« Accoutumée à ces dons sublimes, chaque jour, pendant la célébration des saints mystères, elle entrait en extase au moment où le prêtre recevait dans sa bouche la très-sainte Eucharistie, et elle ne revenait à elle-même qu'à l'heure de l'office du soir. Elle s'approchait de la sainte table pour y recevoir la sainte communion tous les dimanches et tous les jours de fêtes. Or, à peine avait-elle pris part à cette nourriture divine, qu'elle était subitement ravie à la table du Seigneur qui est au ciel, pour y prendre part au bonheur suprême et aux délices des dons célestes ; et alors habitant le sanctuaire de la maison du Seigneur, elle prenait connaissance des choses les plus mystérieuses, des événements les plus éloignés, elle apprenait des secrets innombrables qui dépassent les forces et la croyance humaines. »

« Après avoir rapporté ces miracles de sa vie intérieure, son confesseur ajoute, que ces prodiges paraîtront peut-être à quelqu'un bien merveilleux, mais que pour lui il n'éprouvait pas la moindre peine à y croire, depuis le jour où il avait entendu la confession générale d'une vierge si extraordinaire. Car, il remarque, que tous ces dons sublimes n'étaient que la récompense de la pureté extrême de toute sa vie ; il croit pouvoir assurer de la manière la plus certaine qu'il n'a pas trouvé dans toute sa vie une faute, qui pût même être soupçonnée de péché mortel, et il ajoute, qu'il n'a jamais connu aucune âme dont la sainteté sublime approchât de celle de la bienheureuse Flore. »

« Enrichie de tant de dons merveilleux de la grâce céleste, elle ajouta à sa vie admirable l'éclat des vertus, des dons et des miracles. Jamais on ne remarqua le moindre dérèglemeut dans sa vie, mais elle parut toujours agir avec poids et mesure. Elle éprouvait une telle plénitude de grâce et une telle ferveur de l'amour divin, qu'elle-même ne pouvait comprendre, comment le cercle étroit de son pauvre cœur pouvait contenir ce trésor et résister à l'incendie qui le consumait. Souvent, lorsqu'elle priait, Dieu découvrait à sa servante les joies éternelles du palais du ciel et y fixait les yeux de son âme; et si plus tard elle cherchait à rappeler à son souvenir ce qu'elle avait vu, ou si on l'obligeait à l'exprimer par la parole, au même instant elle éprouvait un nouveau ravissement; une nouvelle extase la rapportait au ciel, et il n'était pas rare de la voir demeurer longtemps immobile et comme si elle eût été morte. Habituellement ces sortes de visions lui arrivaient sous une forme sensible; mais, outre ces images emblématiques, son âme voyait bien plus de choses d'un ordre supérieur, qu'aucune parole ne pouvait rendre. »

« C'est ainsi qu'une fois étant en prière, le Seigneur lui montra un arbre d'une beauté merveilleuse, tout couvert d'une infinité de fleurs les plus exquises; il avait sa racine dans la terre et l'extrémité de sa tige touchait au ciel ; un aigle couvrait la cime de cet arbre, les ailes étendues en forme de croix, il tenait dans ses serres crochues une perle des plus précieuses, son éclatante blancheur surpassait l'éclat de toute lumière naturelle. Sur cette perle, comme sur un miroir, Flore fixa les yeux de son âme, elle y vit l'ordre et la gloire éternelle des anges et des élus, et cette vue lui donnait un tel ravissement, qu'elle pouvait à peine soutenir le torrent de bonheur intérieur qui l'inondait. Et jamais depuis elle ne put essayer, sans éprouver un nouveau ravissement, de dire les choses merveilleuses qu'elle avait vues, de telle sorte qu'après de vains efforts souvent répétés, elle se vit forcée de couvrir par le silence le mystère des secrets de Dieu. Mais enfin, consolée par cette vision, elle entendit secrètement une voix qui lui dit : « Vois cette vision grande et admirable et rends grâce au Dieu tout-puissant. »

« Quelquefois, dans la contemplation des choses célestes, elle apercevait avec certitude des faits secrets et qui se passaient à son insu sur la terre. C'est ainsi qu'une fois son âme ayant été ravie au ciel, depuis la sainte messe jusqu'à l'heure de vêpres, elle voyait les anges et les autres bienheureux dans le ciel célébrer une grande fête et une fête des plus solennelles, avec une grande joie, un grand appareil d'ornements et toute l'harmonie des cantiques, un jour qui était de la férie sur la terre. Admirant la nouveauté de ce prodige, elle s'adressa à l'ange, qui lui servait de guide et lui demanda quelle était cette solennité dans le ciel, inconnue à l'Eglise militante. — N'as-tu jamais entendu dire, lui répondit l'ange, qu'il y a une grande joie dans le ciel et une joie bien grande, toutes les fois qu'un pécheur se repend de sa vie antérieure ? — Flore lui ayant répondu qu'elle avait entendu ces divines paroles de l'Evangile. — Voilà, lui dit l'ange, le secret de la fête que nous célébrons aujourd'hui dans le ciel. Aujourd'hui, en effet, un homme jusque-là mauvais, appelé Guillaume, bien connu de toi et de tout le monde par la renommée des désordres de sa vie honteuse, touché par le repentir, est allé trouver le religieux Ayméric, il a déposé tous ses péchés à ses pieds, il a reçu humblement les œuvres de pénitence qui lui ont été imposées, et Dien lui a accordé le pardon de ses fautes. Or, ce retour à Dieu d'un pécheur qui se repend sur la terre et qui revient à de meilleurs sentiments, nous, aujourd'hui dans le ciel, nous le célébrons par une fête solennelle et par une réjouissance générale de tout le paradis. »

« Vers le soir cette vision extatique cessa. La sainte repassait dans son esprit ce qu'elle avait vu dans le ciel ; elle était à se demander si c'était réellement vrai, ou bien si elle était le jouet d'une illusion : lorsque, voilà tout à coup, qu'Aymeric de Faycelle se présente à elle : Qu'avez-vous fait aujourd'hui, lui dit-elle aussitôt ? et enfin à quelle œuvre avez-vous aujourd'hui donné tous vos soins ? Cet Aymeric était un moine du monastère de Figeac, il se faisait distinguer par la sainteté de sa vie et ses austérités, aussi il était très-connu et en grande réputation dans tout le pays. Or, comme il était cousin germain de Flore, il était venu ce jour-là au monastère de Béaulieu pour voir sa cousine germaine ; mais au moment de son arrivée elle était en extase, il n'osa pas troubler cette épouse du Christ dans son bonheur, il aima mieux attendre qu'elle voulût bien s'éveiller d'elle-même. En attendant, il était entré dans le courant de la matinée, dans une des chambres de l'hospice destinée aux étrangers. C'est alors que ce Guillaume, dont les désordres charnels et la vie immonde faisaient le scandale du pays, était venu secrètement trouver Aymeric. Touché de douleur dans le fond de son cœur, poussé par une grâce du Saint-Esprit et une vive inspiration, les soupirs et les sanglots s'échappaient de sa poitrine, les larmes coulaient de ses yeux, il avait prié le saint religieux, il l'avait prié de nouveau et supplié avec instance, qu'il voulût bien entendre en confession l'aveu qu'il allait lui faire de l'état de sa conscience et de tous ses crimes. Aymeric s'excusait, alléguant qu'il n'avait pas le temps de l'entendre. Il n'est pas dans nos usages, disait-il, d'entendre *en confession (1) d'autres personnes que les moines de notre couvent* ; d'ailleurs sur les cas réservés à l'évêque, il ne me reste plus aucun pouvoir.»

« Guillaume de son côté insistait, il le suppliait pour l'amour de Dieu de l'entendre, assurant qu'il se croyait sûr du pardon de ses fautes si l'homme de Dieu

______

(1) *Alios nisi collegii nostri monachos in tribunali audire.*

daignait l'écouter. Aymeric, vaincu enfin par l'humble prière de cet homme, avait reçu sa confession, lui avait imposé une satisfaction convenable, et enfin avait ramené ce pécheur devenu repentant dans la voie du salut, dont il ne s'écarta jamais depuis lors. Toutes ces choses que Dieu avait accomplies par son ministère, ce jour-là, Aymeric les raconta à sa cousine qui le lui demandait, ajoutant qu'il avait éprouvé une grande joie des larmes de Guillaume et de plusieurs autres signes qu'il avait vus en lui d'une conversion sincère. Ces détails firent comprendre à Flore que sa vision était bien véritable. Cependant elle ne voulut pas alors qu'on sût ce qui lui était arrivé. » — Bollandistes.

« Peu de temps après, Flore pressentant la venue du Saint-Esprit, afin de converser plus librement avec Dieu, feignit d'être malade, selon sa coutume, et se mit dans son lit ; bientôt simulant le sommeil, elle éprouva un ravissement dans lequel la partie la plus noble de son âme fut élevée au ciel. Et aussitôt contemplant le Créateur du monde, elle vit quelque chose de grand et d'élevé surpassant de beaucoup toutes choses. Pendant qu'elle considérait cette merveille, l'abîme de l'infini absorbait son âme. Ce n'est plus comme dans les choses créées, il n'y a là ni quantité, ni qualité, ni couleur, ni fin, ni commencement, ni forme, ni étendue. Alors la vierge est toute saisie d'une admiration mêlée de crainte et de stupeur. Etonnée, elle s'adresse à l'ange qui la conduisait et lui demande, quelle est la chose qu'elle voit, qu'elle ne peut se représenter par aucune image, et qui cependant procure à son âme une si grande joie ? « Ce lieu est saint et terrible, répond l'ange. La divinité elle-même, qu'aucun mortel n'a jamais pu comprendre sur la terre, est présentée à ton esprit. Il t'est donné de la voir par une comparaison et une image comme autrefois Moïse dans le buisson et sous l'apparence du feu. » A ces paroles un torrent de joies célestes vient inonder la servante de Dieu, et dans cette extase de joie et de bonheur elle chanta à haute voix cette antienne de l'office ecclésiastique de plusieurs martyrs : *Gaudent in cœlis animæ sanctorum qui Christi vestigia sunt secuti, et quia pro ejus amore sanguinem suum fuderunt, ideo cum Christo exultant sine fine.* » « Les âmes des saints se rejouissent dans le ciel parce qu'ils ont suivi les traces du Christ sur la terre ; et parce qu'ils ont versé leur sang pour son amour, c'est pour cela, que dans la compagnie du Christ, ils se livrent sans fin aux transports de la joie. »

« Un autre jour étant en prière, deux anges la revêtirent d'habits du plus grand prix et tout étincelants de lumière ; et comme elle admirait la magnificence de ces vêtements, ces deux anges lui dirent que Dien lui destinait ce même habit dans le ciel, si elle persévérait jusqu'à la fin, puis ils la prièrent de vouloir bien les leur rendre afin de les lui conserver pour plus tard, ce qu'elle fit. Flore admirait ce vêtement d'mmortalité qui lui allait d'une manière parfaite, elle se croyait bien indigne d'une si grande gloire. Cependant cette assurance nouvelle de sa gloire future rendait son espérance plus ferme, mais elle ne l'appuyait que sur les mérites du sang de Jésus-Christ. Pendant que Flore repassait dans son esprit cette grâce nouvelle que Dieu veuait de lui accorder et sa propre indignité, un ange la conduisit dans les demeures éternelles, et lui montra des choses mystérieuses qu'il n'est pas donné à l'homme ni de pénétrer ni de dire. Là, elle voyait des perles précieuses, des trônes, des ornements d'un éclat inexprimable, et des biens de tout genre qui dépassent toute pensée humaine. Au-dessus d'elle, elle apercevait les heureux habitants de ces lieux, tous resplendissants eux-mêmes, et assis sur des trônes merveilleux ; elle en était dans le ravissement. Au milieu des bienheureux l'ange montra à la sainte un trône admirable au-delà de tonte pensée et embaumé des parfums les plus suaves. — Ce trône t'est réservé pour l'éternité, lui dit l'ange, tu peux t'y asseoir un peu, puisque par la volonté de Dieu tu dois après cette vie l'occuper. — Hélas ? dit Flore, moi, m'y asseoir, vile créature et pauvre pécheresse, moi obtenir jamais un siége d'une si grande gloire ! Je suis bien trop indigne de jouir jamais d'un pareil bonheur. A peine avait-elle dit ces paroles, que l'ange éleva ce trône dans l'espace, beaucoup plus haut, et le plaça en un lieu beaucoup plus élevé. »

« Comme Flore était un peu étonnée de tout cela, ne sachant trop que croire, hésitant entre le doute et la confiance, cette vision terminée, arriva ce jour-là même par hasard au monastère un docteur en théologie, homme d'une grande vertu, qui venait quelquefois au couvent pour des motifs de piété, comme plusieurs autres prêtres. Flore exposa cette vision à l'homme de Dieu, sous le nom d'une autre, lui demandant quelle croyance on pouvait y accorder. Elle ne put longtemps cacher à ce docteur que c'était à elle-même que cette vision était arrivée, et éclairé d'en haut sur cette vision il répondit qu'on devait y croire, surtout si celle-là était confirmée par une vision nouvelle et semblable. Trois jours après le départ de ce bon docteur, elle éprouva un nouveau ravissement, et sous la conduite du même ange, elle revit le même trône éclatant et placé dans le même lieu ; elle fut tellement frappée d'étonnement qu'elle en demeura toute saisie. Alors l'ange prit une troisième fois ce trône, devenu bien plus brillant qu'il n'était les deux premières fois, et le plaça dans un lieu encore plus élevé. Flore demanda à l'ange la raison de tout ce qu'elle voyait, l'ange lui répondit : Ce trône t'attend, deux fois tu t'en es réputée humblement indigne, cet aveu de ton indignité Dieu dans sa miséricorde t'en a fait un nouveau mérite. Dieu, a vu en outre avec plaisir et a écrit encore au nombre de tes mérites, parce que tu as humblement consulté un maître en théologie, c'est pour cela que Dieu a placé ton trône plus haut dans le ciel, afin que tu sois plus près de lui. Tu ne dois pas en avoir le moindre doute : sur ce trône, tu habiteras éternellement ; c'est là qu'en la compagnie de tous les saints que tu vois, tu goûteras sans fin la gloire et le bonheur. » (1)

(1) Cette vision est gravée à l'appendice du 6e vol. de juin, Bollandistes.

« C'est ainsi que vingt ans avant sa mort , « par conséquent en l'année 1327 , âgée de 18 ans » , cette vierge si sainte vit le lieu, le trône et la société qui lui étaient réservés dans la gloire. Mais tous les miracles et tous les dons merveilleux dont Dieu orna dès cette vie cette vierge si pieuse , qui pourrait les dire tous? Souvent elle vit notre seigneur et sauveur Jésus-Christ , la bienheureuse vierge Marie Mère de Dieu . Dien ne savait rien refuser à ses prières, et tout ce qu'elle demandait, elle était dans l'habitude de l'obtenir. Dans le temps de ses prières Dieu lui montra sur le bonheur du ciel, les peines du purgatoire, les tourments des damnés et sur la divinité elle-même beaucoup plus de choses que les hommes les plus habiles n'ont jamais pu en connaître par la pénétration de leur esprit. Une fois étant en prière , un ange lui porta une croix qui brillait d'un merveilleux éclat, composée en partie du bois de l'arbre de la science du bien et du mal, et en partie du bois de l'arbre de vie, comme si elle fût venue du paradis terrestre et envoyée à la sainte au nom d'Enoch et d'Elie.

« Sous l'inspiration du Saint-Esprit elle connut souvent des événements futurs très-remarquables , des guerres, des morts, des pestes, des stérilités de la terre. Et au milieu de toutes les grâces que Dieu lui faisait, elle avait coutume de dire qu'elle ne savait rien autre chose que Jésus-Christ et Jésus-Christ crucifié. » — Bollandistes.

CHAPITRE IV.

Autres pratiques pieuses de Flore , ses vertus. Dieu la récompense par l'abondance des dons gratuits.

Humilité de Flore. — « Elle fuyait l'orgueil et la vaine gloire, comme le cultivateur craint ces orages dévastateurs qui, dans l'espace d'un moment, enlèvent le fruit du travail de toute une année. Elle croyait humblement avec saint Jean, n'être autre chose que la voix de celui qui crie dans le désert ; elle avait coutume de dire : « Si Dieu a écouté mes prières, ce n'est qu'une voix bien faible qu'il a daigné écouter, et encore cette voix ne m'appartient-elle pas. » Aussi, donnait-elle tous ses soins à la pratique de l'humilité, la considérant comme la gardienne de la virginité et de toutes les bonnes œuvres, comme l'école et le fondement de la prière ; c'est cette humilité que Dieu récompensait en elle par tant de grâces et de dons merveilleux. Dans ses entretiens particuliers avec ses nièces, avec ses amies les plus familières, avec ses supérieures ou avec les jeunes novices qui lui étaient confiées, elle se gardait bien de leur dire ce qui pouvait tourner à sa gloire, mais elle (1)

(1) « En telle sorte qu'à ses plus familières qui la gouvernaient et la gardaient pendant qu'elle était hors de soi, elle n'en témoignait rien

couvrait soigneusement par le silence tout ce qu'il était en son pouvoir de tenir caché. Cependant lorsqu'elle croyait utile de parler, elle avait grand soin de les instruire de toutes les pratiqnes pieuses qui pouvaient leur être avantageuses ; ainsi elle leur demandait, à chacune en particulier, de quelle manière elles se conduisaient dans leurs prières, puis elle leur enseignait une bonne méthode pour prier. »

« Souvent elle repoussait par un silence absolu les louanges qu'on lui adressait spontanément. Un certain Jocglard était venu de la Beauce (1), par un motif de piété, afin de voir cette vierge extraordinaire ; il fut introduit auprès de Flore qui était alors malade et retenue dans son lit, il s'approcha d'elle et se laissant tomber sur ses genoux, tant il était pénétré au-delà de toute expression de la renommée de sa sainteté, il éclata en louanges hyberboliques : Je vous salue, lui dit-il, madame, recevez le salut que je vous donne en J.-C. J'ai cette idée, que si le Christ Jésus pouvait avoir deux mères, il vous aurait choisie pour sa seconde mère. A ces paroles la

par ses discours, mais seulement par d'autres voies, auxquelles elle ne contribuait point, et elles n'osaient point lui dire qu'elle fût ravie, mais elles appelaient tout cela oraison, et lui disaient : Dame, comment vous est-ii arrivé en votre oraison. ? »

Traduction littérale du manuscrit provençal du XIVᵉ au XVᵉ siècle, faite par ordre de Louis XIV, par de Doat, *Titres de l'Hôpital-Beaulieu*, manuscrits de la bibliothèque nationale, Paris.

(1) In Bocâ.

vierge saisie d'étonnement et d'épouvante , garda un profond silence. Jocglard revint une seconde fois , et fléchissant de nouveau les genoux devant elle , il lui disait : Pourquoi me laissez-vous aller sans vouloir me donner une réponse ? Oui, si notre Seigneur Jésus-Christ pouvait avoir deux mères, je suis convaincu que vous seriez sa seconde mère. Rendue plus humble par ces paroles , elle ne répondit pas même un mot, et laissa Jocglard partir sans l'avoir salué. Or, comme je lui demandais raison de ce silence (dit l'auteur de cet écrit) , Flore me répondit : Je savais bien que cet homme était venu vers moi par dévotion. Il voulait une consolation, si je lui avais répondu durement, il serait parti désolé, si au contraire je lui avais donné des paroles douces et gracieuses , il aurait pu croire que je prenais plaisir aux louanges humaines, de telle sorte que cet éloge aurait pu devenir préjudiciable pour lui et pour moi, c'est pour cela que je me suis retranchée dans le silence. »

« Dieu montra combien cette humilité lui était agréable par la punition soudaine qui frappa un prêtre régulier: un jour qu'un grand nombre de personnes admiraient devant lui la sainteté de Flore , il s'indigna et répondit : Si nous voyons jamais, dit-il, cette fille faire des miracles , je consens à devenir perclus de tout mon corps. Mais voilà que la nuit suivante il fut frappé de la maladie qu'il s'était souhaitée , comme s'il eût été contusionné et brisé par tout son corps à force de coups redoublés ; accablé par le mal qui le dévorait , il ne pouvait prendre d'autre nourriture que celle qui lui était préparée par les mains de Flore, il n'osa plus parler mal d'elle, et bientôt après il mourut misérablement. » (1)

Sa devotion aux saints et aux mystères de notre seigneur. Avant d'être favorisée par ces dons singuliers de la grâce, la pieuse vierge toujours assidue à la méditation des choses divines et occupée du ciel, adressait de (2) ferventes prières à la bienheureuse mère de Dieu, à l'archange Gabriel, aux saints apôtres, aux saintes vierges, au très-saint évêque de Myre Nicolas, modèle parfait de chasteté et d'humilité ; elle avait pour eux une dévotion particulière. Les jours que l'église solennise en l'honneur des mystères de Notre-Seigneur, ces jours-là elle-même considérait ces mystères avec une ferveur toute spéciale ; alors elle recevait du ciel touchant ces mystères des lumières et des révélations extraordinaires. La nuit de Noël, elle contemplait l'Enfant-Dieu comme enveloppé de langes, couché dans la crèche ; le jour dé la Purification, elle considérait ce même enfant entre les mains du saint vieillard Siméon. » (3)

« La veille du jour que notre Seigneur mourut, elle

(1) « Les uns disaient bien, les autres mal. »

(2) « Parlait souvent en esprit avec, etc. »
Traduction littérale de Doat du texte proveuçal du XIVe au XVe siécle, bibliothèque nationale, Paris.

(3) « En la solennité de Noël, la vierge Marie lui apparaissait avec l'enfant Jésus et lui présentait l'enfant pour le porter sur son col. En la fête de la Chandeleur, elle regardait merveilleusement la procession que ce jour-là représente. »
Traduction de Doat, manuscrit du XIVe au XVe siècle.

puisait dans la céleste lumière une connaissance si claire des mystères de l'humilité divine , de l'éternelle sagesse, de l'amour sacré de Jésus-Christ , qu'on aurait dit que présente elle-même en la compagnie des apôtres , elle voyait le divin Maître et entendait ses divines paroles. Cette même nuit elle contemplait dans le jardin des Oliviers , l'homme de douleurs , et un glaive douloureux traversait son âme affligée, et bientôt s'échappant en soupirs, elle s'écriait d'une voix lamentable : Hélas ! hélas ! ils conduisent enchaîné mon Seigneur et mon Dieu. Ne suivrai-je pas mon Seigneur partout où on le conduira ? La sixième férie (le vendredi saint) de la grande semaine qui est consacrée à la célébration du grand mystère de la mort de notre Seigneur , c'est à peine si elle pouvait soutenir le poids de la douleur extrême qui l'accablait. Elle était comme folle et elle aurait couru çà et là si les autres sœurs ne l'avaient retenue ; dans les prières qu'elle faisait alors, cette même douleur la saisissait tellement tout entière qu'elle souffrait, comme si ses pieds et ses mains eussent été percés par des clous, et son côté ouvert par le fer de la lance. (1) Elle poussait des cris plaintifs que lui arrachait le souvenir de la passion du Sauveur , et elle exprimait par ses soupirs et par ses larmes le sentiment de la douleur la plus vive, incapable d'articuler une parole, »

« Dans le triomphe de la résurrection, le jour de

_____

(1) « Elle se plaignait des pieds, des mains et des côtés , etc ... » Idem , de Doat.

Pâques, elle voyait de ses propres yeux Notre-Seigneur parlant aux saintes femmes ; et elle écoutait avidement toutes les paroles qui sortaient de sa bouche. Le jour de la fête de l'Ascension, elle contemplait Notre-Seigneur montant au ciel, et la bénissant avec ses disciples, puis elle se retirait comblée des dons spéciaux de la grâce, comme les apôtres lorsqu'ils descendaient de la montagne des Oliviers. Le jour de Pentecôte, l'Esprit saint la favorisait d'une joie spirituelle et d'une consolation merveilleuse. Il lui arriva une fois qu'au moment où elle chantait l'hymne : *Veni creator Spiritus*, tout-à-coup, devant toutes les sœurs réunies, son âme fut ravie au ciel et son corps fut élevé au-dessus de terre de plus de deux coudées, et elle demeura ainsi longtemps suspendue en l'air. Alors, il lui sembla voir le Saint-Esprit sous la forme d'une colombe voltigeant et enfin venant se reposer sur la tête d'une des sœurs qui étaient là assemblées. »

Sa chambre paraît toute lumineuse et semble bruler. — « Il vint un jour en idée à une dame de Figeac de regarder par le trou de la serrure, afin de savoir ce que cette vierge singulière pouvait faire dans le sanctuaire de sa chambre, ou bien dans quel état elle se trouvait. Comme le lit était devant elle, elle ne put voir la sainte, mais elle vit la chambre briller d'un tel éclat de lumière, qu'on aurait dit que l'appartement était tout en feu, dévoré par un violent incendie. C'est ainsi que suivant l'esprit de l'Eglise catholique, selon la diversité des fêtes, elle contemplait les différents mystères, non sans un grand profit pour son âme, et de jour en jour elle croissait en richesses nouvelles de grâces, de joies et d'autres dons spirituels. »

Autres dons de la bonté divine. — (L'auteur continue, non plus dans la langue vulgaire, mais en latin) : « Cette sainte éprouvait tantôt un doux sommeil de son âme, tantôt elle était ravie en esprit ; d'autres fois, elle recevait une connaissance merveilleuse des saintes Ecritures ; quelquefois son âme se fondait devant Dieu comme une cire molle d'amour et de bonheur. Quelquefois encore, dans d'autres visions merveilleuses, elle était admirablement favorisée de la conversation avec les saints, comme aussi d'autres fois elle soupirait et elle pleurait, tantôt par la compassion des plaies du Sauveur, et tantôt par la compassion qu'elle éprouvait pour les pécheurs. »

(Ici finit le latin, l'auteur continue en langue vulgaire) .

Elle prie pour toutes les misères. — « Si elle savait quelqu'un dans la peine et la tribulation, aussitôt elle offrait à Dieu pour eux ses humbles et saintes prières, et ce n'était jamais en vain. En effet, par son intercession, soit pendant sa vie, soit après sa mort, le Seigneur opéra tant de merveilles, que la renommée de sa sainteté se répandit en peu de temps dans tout le pays. Le fondement et la règle de cette vie admirable et qui tient du prodige, soit qu'on considére ses œuvres, soit qu'on considère ses contemplations et les autres miracles de sa sainteté, le fondement et la règle en étaient notre Seigneur et rédempteur Jésus-Christ. Or , dans cette vie si sainte , on remarquait en particulier sa foi chrétienne , flambeau de la vérité et de la vertu , et sa dévotion vraiment singulière pour les sacrements de l'Eglise ; c'est ce qui nous reste à dire dans les sept paragraphes suivants. »

Elle se confesse tous les jours. — « 1° Elle avait un respect particulier pour l'aveu de ses fautes dans le sacrement de pénitence ; elle regardait la confession comme un bain salutaire qui lave notre âme de ses souillures. Elle s'approchait tous les jours de ce tribunal de Jésus-Christ, toujours avec une humilité nouvelle, toujours avec une contrition nouvelle ; elle sondait les plis de sa conscience avec une subtilité telle , que les prêtres les plus habiles (l'écrivain les appelle grands clercs) auxquels la Sainte faisait l'aveu de ses fautes, habituellement regardaient comme des traits admirables de vertu les prétendues fautes qu'elle-même, en gémissant et en pleurant, venait soumettre aux chefs de l'Eglise comme de grands crimes; et comme elle joignait une humilité singulière et une vive contrition du cœur à la conscience la plus pure et la plus exempte de la tache la plus légère de tout vice , de là, par la permission divine , il arrivait souvent, au moment où le prêtre prononçait les paroles sacrées de l'absolution , que l'humble servante de Jésus-Christ tombait en extase. »

« C'est ainsi que les prêtres par le ministère desquels

elle recevait ce sacrement, elle les regardait comme les ministres de Jésus-Christ et les dispensateurs des mystères de Dieu; elle avait pour eux, comme pour des pères, un amour filial, et tous les jours elle répandait devant Dieu ses prières pour eux. Un jour, étant entrée dans la lumière innaccessible que le Seigneur habite, elle contemplait avec ce qu'il y avait de plus pur dans son âme l'éternelle Majesté; elle recevait avec des transports de joie intérieure une grande abondance de lumière et de dons divins qui lui étaient envoyés d'en haut, Dieu l'ordonnant ainsi. Alors, abaissant son visage comme vers la terre, il lui sembla voir tous les prêtres à qui elle avait découvert l'état de sa conscience, et les voyant revêtus d'habits divers, selon la diversité de leurs mérites, elle poussa un cri vers le Seigneur dans l'extase de son âme, elle le pria en disant : Qu'il plaise à votre infinie bonté, Seigneur, de faire participer à cette grâce que vous m'envoyez du ciel, tous ces prêtres qui sont mes pères. Aussitôt elle les vit tous environnés et remplis de la même grâce, et comme signe de cette grâce qui s'opérait en eux, elle les vit tous, un seul excepté, revêtus d'habits nouveaux, et elle en témoigna à Dieu la plus vive reconnaissance. Revenue à elle-même elle appelle ce prêtre, elle lui représente humblement que l'état de sa conscience ne lui paraît pas bon. Frappé de la sainteté de Flore, qui avait vu le fond de son âme, saisi de frayeur et tout tremblant, il n'eut pas le courage de lui cacher le mauvais état de sa conscience, et aussitôt, profitant de l'avertissement qui lui était donné, il revint à de meilleurs sentiments, et tout le reste de sa vie, il mena une conduite sainte, comme le doit faire un prêtre. »

Elle reçoit l'eucharistie. — « 2° Elle avait un attrait extraordinaire pour la divine Eucharistie. Toutes les fois qu'elle assistait au très-saint sacrifice de la messe, à ces paroles du prêtre : *Orate pro me*, etc (1) ou du moins dès le commencement de la Préface, elle pressentait l'arrivée du Roi céleste, et élevant son cœnr elle demeurait jusqu'à la fin de la messe en extase et comme privée de ses sens. Mais les jours surtout où elle devait s'approcher de la sainte table, alors on la voyait comme brûler intérieurement, comme toute consumée par l'excès de l'amour et ravie au ciel. Il lui était alors impossible de se tenir debout, mais deux religieuses, la mettant au milieu d'elles, la soutenaient chacune de son côté et ensuite la ramenaient à sa place. Après cela il lui devenait impossible de prendre la plus légère nourriture ; elle demeurait en extase malgré qu'elle eût été reconduite dans sa chambre, ce n'était qu'après un long espace de temps qu'elle pouvait enfin revenir à elle-même. Bien plus persuadée que toutes les autres âmes, principalement les âmes des prêtres, étaient favorisées du même attrait pour la divine Eucharistie, elle avait coutume de dire au prêtre qui recevait la confession de ses fautes, qu'elle s'étonnait et

(1) Voir pièces Justificatives n° 11.

ne pouvait comprendre comment il pouvait y avoir un seul prêtre qui n'entrât pas en extase pendant la célébration des saints mystères en touchant les choses divines. De là une multitude de grâces, et de grâces de choix, qu'elle recevait de Dieu. »

« Il arriva une fois dans une église située à trois lieues du monastère, dans une forêt qui porte le nom de Fieux (1), église qui appartient aujourd'hui au même monastère (en 1611, le prieuré de Fieux fut uni au monastère de l'Hôpital-Beaulieu par l'autorité du pape Paul V), il arriva qu'un frère mineur d'une grande piété disait la sainte messe ; il venait de partager la sainte hostie en trois parcelles, comme c'est l'usage, il venait de placer avec respect sur la patène les deux premières parcelles, lorsqu'il ne put jamais retrouver la troisième, ni comprendre ce qu'elle était devenue. Alors, ce prêtre fut saisi d'une grande crainte et d'une vive frayeur. Le sacrifice terminé et l'action de grâces accomplie, troublé au-delà de toute expression, il n'eut pas le courage de manger ou de boire, mais aussitôt il se mit en chemin. Il espérait trouver quelque consolation auprès de la très-pieuse vierge Flore, célèbre à cette époque dans toute la contrée, il espérait retrouver auprès d'elle le calme de son âme, toute troublée par ce prodige. Craignant, en effet, qu'il n'y eût de sa faute dans la disparition de cette hostie, il ne savait que faire. Il n'avait pas encore atteint le seuil de la porte

____

(1) Près de Miers, canton de Gramat.

du monastère, lorsque la vierge Flore vint au-devant de lui, et voyant la tristesse profonde qui l'accablait, elle lui dit en souriant : Ne soyez pas si troublé, mon père, la troisième partie de l'hostie consacrée ne s'est pas perdue, comme vous le croyez ; elle a disparu ce matin d'entre vos doigts, un ange du Seigneur l'a prise de votre main et me l'a donnée en communion. La nouveauté de ce fait et la grandeur de ce miracle frappèrent ce prêtre d'étonnement ; il demeura tout interdit, car personne n'était dans le secret de ce qui lui était arrivé, et il n'avait pas encore ouvert la bouche pour découvrir à Flore le sujet de son voyage ; alors il déposa la crainte qui l'avait si fortement ému, et sa tristesse se changea en joie et en action de grâce. »

DOULEURS ET EXTASES EN CONSIDÉRANT LA PASSION DE JESUS-CHRIST. — « 3° La passion de Jésus-Christ était un des principaux objets de la dévotion de Flore. C'est là que Flore concevait un amour immense pour Jésus-Christ, c'est de la passion du Sauveur comme d'une source divine, que coulaient dans son âme des flots de suavité et de consolations célestes. Il n'était pas rare pour elle de participer aux douleurs et aux plaies du Sauveur, et alors le sentiment de la douleur qu'elle éprouvait, devenait tellement intense qu'il surpassait le sentiment de toute douleur naturelle la plus vive. Or, la plupart du temps c'était au côté que cette douleur se faisait surtout sentir. Flore faisait tous ses efforts pour cacher aux autres sœurs cette douleur miraculeuse qu'elle éprouvait, mais c'était inutile ; de telle sorte qu'une partie des sœurs croyaient le côté de Flore entr'ouvert comme celui de Notre-Seigneur, et quelques-unes de ses amies les plus familières disaient en avoir fait l'expérience et s'en être assurées. Si quelqu'un parlait devant elle de la passion du Sauveur, si elle-même venait à parler de ces mêmes sonffrances, ou bien si par hasard elle voyait l'image de la croix, des clous et des autres instruments de la passion de Jésus-Christ, elle souffrait au même instant les douleurs extatiques de ces emblêmes douloureux ; et elle avait coutume de réciter avec un grand sentiment de piété l'office de la croix composé par saint Bonaventure (1). »

Son attrait pour la prière. — « 4° Elle considérait la prière et l'office ecclésiastique comme un des principaux moyens pour arriver à une vie parfaite. Elle employait tout son temps à la prière, à la méditation et à la contemplation. Quoi qu'elle fît, en chemin, à l'ouvrage, dans la maison, ou au-dehors, sans relâche elle priait, selon le conseil de l'apôtre, souvent sa prière se prolongeait très-avant dans la nuit, et il n'était pas rare qu'elle y passât la nuit toute entière. Et ce qu'il y a de plus extraordinaire, c'est que pendant plus de deux

____

(1) Saint Bonaventure est appelé simplement *Domnus Bonaventura* sans le titre de saint, ce qui prouve que le compilateur dont nous avons parlé au premier chapitre, a écrit avaut l'année 1482, puisque saint Bonaventure fut canonisé par le pape Sixte IV, 1482. — L'office de la croix est appelé *ordo crucis* : nous croyons que c'est l'office de la passion de Jésus-Christ qu'on lit dans les œuvres de saint Bonaventure, tome 6e, édition du Vatican, note des Bollandistes.

ou trois ans elle se priva totalement de sommeil, veillant et priant, selon la parole du Sauveur, dans la crainte de céder un instant aux suggestions du tentateur qui voulait sa perte. Elle récitait les heures canoniales de l'office ecclésiastique avec une attention tellement soutenue de son esprit et de son cœur, et avec une dévotion telle, que souvent dans la récitation de cet office divin, elle tombait en extase lorsqu'il se rencontrait des versets propres à exciter l'amour de Dieu, comme ces traits enflammés : *Vidi Dominum facie ad faciem*, etc., j'ai vu le Seigneur face à face ; *vidi turbam magnam*, etc.; j'ai vu une grande foule, etc. On doit admirer dans elle que si longues que fussent ses extases, comme lorsque elles prenaient le jour et la nuit, jamais elle n'omettait rien de l'office ecclésiastique. Si par hasard elle laissait quelque point inachevé de l'office aux heures voulues, fût-ce de la plus minime importance, elle le suppléait en toute diligence. Elle enseignait aux autres sœurs que jamais elles ne devaient laisser l'office divin, quand bien même elle courraient à l'odeur des parfums de l'époux céleste, quand bien même elles seraient entrées dans le sanctuaire du ciel par la contemplation la plus sublime. »

Elle médite assidument l'incarnation de jésus-christ — « 5° Elle contemplait assidûment et attentivement le divin ouvrage de la rédemption, elle rappelait souvent dans son esprit l'annonciation de l'archange Gabriel ; c'est ainsi que dans la méditation de l'union hypostatique du Verbe avec la nature humaine, elle recevait une grande abondance de dons célestes, et elle recherchait avec soin de quelle manière elle-même pouvait coopérer à ce divin ouvrage. »

Sa dévotion aux saints. — «6° Elle honorait, par de fréquentes prières comme des patrons et des aides, les habitants de l'église triomphante, principalement la glorieuse vierge Marie, mère de Dieu, le saint précurseur du Sauveur, saint Jean-Baptiste, patron de son ordre, le chef des apôtres saint Pierre, premier vicaire, de Jésus-Christ, elle vénérait les anges par un culte familier ; elle éprouvait de mille manières leur présence. Elle demandait quelquefois au prêtre, son confesseur, s'il ne voyait pas les anges qui étaient autour d'eux, lui indiquant de quel côté il devait porter les yeux pour les voir. Elle avait un souvenir particulier de saint François d'Assise, favorisé des stigmates de Notre-Seigneur, parce qu'elle-même était singulièrement favorisée à l'égard du même Sauveur, elle le priait tous les jours ; et enfin elle rendait un honneur convenable à tous les saints selon l'esprit de l'Eglise catholique. »

Son désir du ciel. — « 7° Enfin, la vie si sainte de Flore s'appuyait sur le désir le plus ardent de l'éternelle gloire, et paraissait une vie plutôt angélique qu'humaine. Elle éprouvait un avant-goût des choses divines par la contemplation la plus assidue. Elle soupirait après le jour de la délivrance, désirant que les liens du corps venant à se rompre au plus tôt son âme pût enfin sortir de cette vie pour aller avec Jésus-Christ. C'est à peine si elle pouvait prononcer elle-même ou entendre prononcer le nom du ciel ou des choses divines sans tomber en extase, ce qui lui arrivait fréquemment devant le prêtre qui était son confesseur. Le désir qu'elle avait du ciel se renouvelait si souvent dans son cœur, qu'il paraissait entièrement épuiser ses forces. La mort, terrible au reste des hommes, paraissait à Flore, aimable et pleine de charmes. Elle était toute ponr plaire à Dieu , et dans tout ce qu'elle faisait, elle n'avait d'autre but que de rendre gloire à Dieu. En récompense, Dieu consolait sa servante de mille manières ; il la réjouissait , il la fortifiait et l'enrichissait de tous les dons de la grâce et des faveurs célestes. Aussi, lorsqu'elle était en extase ou qu'elle en sortait, elle était tellement unie à Dieu , qu'il n'était pas rare de la voir toute environnée d'une lumière céleste répandue tout autour d'elle , comme une auréole, et elle paraissait toute resplendissante. Que doit être grande dans le ciel des bienheureux la gloire de cette vierge , qui sur la terre, fut unie d'une manière si intime avec Dieu ! Fasse le Dieu des miséricordes que nous-mêmes , rendus participants de la gloire de Flore , nous soyons avec elle les cohéritiers de Jésus-Christ , pendant l'éternité des siècles ! Ainsi soit-il. » — Bollándistes.

CHAPITRE V

Bienheureuse mort de Flore ou Fleur. — Son corps est levé de terre treize ans après sa mort. — Ses miracles.

C'est ainsi que tour à tour éprouvée par la rage du démon et par les tentations les plus affreuses, puis, largement récompensée par la bonté divine, la bienheureuse vierge Flore avait vu s'accomplir les jours de son pélerinage. Eclairée d'une lumière surnaturelle sur ses destinées futures, depuis longtemps elle connaissait la route par où son âme devait s'envoler au ciel; de puis longtemps, par la pratique assidue de la contemplation et de la prière, par ses ravissements devenus habituels, elle habitait plutôt le ciel que la terre. « Déjà il lui avait été donné bien des fois d'entrevoir les splendeurs de la cité éternelle; en 1327, peu de temps après ses grandes épreuves, elle s'était vue un moment revêtue par deux anges des vêtements de gloire qui lui étaient réservés dans l'éternité si elle persévérait; et l'un de ces esprits bienheureux lui avait montré le trône éclatant qui lui était préparé dans les cieux pour récompense de son humilité. Aussi, appelait-elle de ses vœux les plus ardents l'heure fortunée où, s'échappant de sa prison mortelle, son âme irait posséder pour jamais Dieu, qu'elle avait tant aimé sur la terre (1). » Le terme de sa vie approchait, l'heure de la délivrance allait sonner. Accablée par les austérités, brisée par les souffrances, brûlée intérieurement par l'amour divin, un effort suprême allait rompre enfin les derniers liens qui la retenaient encore. Elle avait de trente-sept à trente-huit ans ; elle avait passé les quinze premières années dans la maison paternelle et environ vingt-trois ans au monastère de l'Hôpital-Beaulieu ; cette fleur d'une beauté merveilleuse, allait être transplantée dans les jardins du ciel. Dieu l'appela : Levez-vous, ma bien-aimée, hâtez-vous, l'hiver de la vie est passé, les frimats ont disparu, venez du désert recevoir la couronne qui vous attend. Flore s'endormit doucement dans le Seigneur. C'était le onze juin de l'année 1347. Voici le texte du manuscrit du quatorzième au quinzième siècle, conservé à la bibliothèque nationale, Paris. « L'an mille trois cent quarante et sept trépassa madame sainte Flors, le onze juin, le jour de saint Barnabé. » Hugues Amadieu a fidèlement traduit : « Anno Domini millesimo trecentesimo quadragesimo septimo diem ultimam, sanctissima hæc virgo clausit 3 idus junii. » *Acta sanctorum appendix ad diem XI junii*, 6ᵉ *vol. ch. IV* nº 56. Le père de Mesplèdes n'a pas été aussi exact que Hugues Amadieu, il est cause par sa traduction infidèle de la note erronée des Bollandistes (*annotatio* C. J. C. D.), note que j'ai

(1) M. Bouange, vicaire-général d'Autun.

suivie dans la première édition. Le monastère de l'Hôpital-Beaulieu avait encore pour prieure Agnès d'Aurillac,
elle la suivit dans l'éternité dans le cours de cette même
année. (1)

« A peine la bienheureuse Flore avait-elle rendu le
dernier soupir, que des prodiges éclatants signalèrent
la gloire dont elle jouissait dans le ciel. Le visage de
la défunte jeta un éclat extraordinaire, et parut envi-
ronné d'une auréole lumineuse, devant une foule de
personnes qui en furent témoins, en même temps que
de tout son corps s'exhalait l'odeur la plus suave, comme
un parfum de lis et de roses. Le même jour, des maçons
de Vaillac (2) travaillaient à la construction d'une muraille près du monastère ; ils virent avec étonnement
dans les airs un prêtre revêtu d'habits solennels, oc-
cupant les plages aériennes au-dessus de l'Hôpital. Le
jour qu'on déposa ce saint corps, dans la terre, un homme
vint à son tombeau ; il avait perdu une coupe d'argent ;
il voua l'effigie de ce vase en cire. Or, il arriva que le
voleur devint subitement immobile au lieu où il se trouvait ; cet homme recouvra sa coupe et accomplit son
vœu. Un religieux avait tourné en dérision la vie si
ainte et si humble de Flore, il avait publiquement affiché
son mépris pour elle. il ne tarda pas à entendre une

(1) *Agnès de Orlhaco defuncta* 1347. *Quo etiam anno pie obdor-
mivit in Domino Flora , virgo sanctissima , virtutibus ac miraculis
illustris. Gallia Christiana eccl. cadurc.* 1er vol. pag. 194.

(2) Lot.

voix qui l'avertissait de sa faute et de la punition qui allait le frapper ; en effet, toute sa vie ne fut qu'une suite de maux divers. »

« Dans l'octave de sa sépulture, un habitant du village de l'Hôpital se trouvait réduit à l'extrémité par diverses maladies qu'il avais eues ; il avait déjà perdu l'usage de la parole, lorsqu'animé d'une grande foi, il fit vœu dans son cœur d'aller au tombeau de la sainte s'il guérissait : bientôt après il fut rendu à la santé, et accomplit son vœu. Dans le cours de la même octave de sa sépulture, deux femmes affligées des maladies les plus graves, recouvrèrent la santé à la suite de vœux semblables, et suspendirent à son tombeau la cire et le suaire qu'elles avaient voués comme offrande expiatoire. Une autre guérit d'uue grave maladie qui l'avait réduite en danger de mort et offrit le suaire qu'elle avait voué. Une autre vint à son tombeau à la suite d'un vœu semblable ; elle promit d'observer tous les ans un jeûne le jour anniversaire de sa mort ; et elle fut guérie de diverses maladies, en particulier de la maladie de saint Namphase, c'est-à-dire de l'épilepsie. La même personne, originaire de Maurs, revenait chez elle, lorsqu'elle fut effrayée par la vue d'un spectre horrible ; elle appela aussitôt la vierge Flore à son aide, et au même instant elle parut toute environnée d'une lumière merveilleuse, en présence d'un grand nombre de personnes qui en furent témoins. La même personne, pendant une peste qui ravageait le pays, se voyant en grand péril, elle et l'enfant qu'elle portait dans son sein , eut recours à la vierge Fleur , selon sa coutume , et tout alla selon ses désirs. Un chevalier , ayant voué un suaire et accompli son vœu, revint de bien près de la mort. Deux autres femmes, par un vœu semblable , échappèrent à un grand danger de perdre la vie. » — Bollandistes.

Dans cet intervalle , la pieuse Agnès d'Aurillac était allée recevoir au ciel la récompense d'une vie admirable. La communauté de l'Hôpital-Beaulieu , se rappelant les maux de la première division , résolut de s'en rapporter, pour le choix de la nouvelle prieure, à trois réligieux d'une vertu consommée, c'étaient : Marsebelhe de *Maorlho* , sous-prieure , Aigline de *Doma* , Cebelie de *Sigueria*. Ces trois religieuses , d'une commune voix élurent pour prieure Angline de Thémine s , et la proposèrent à chacune des vocales et d'abord à : Elias Eymerigua , puis à chacune des autres dames : Aymigua de Laudonia , Bonassies de Mier , Ufferna la Estroa , Essalnia Despeyrac , Fays Saint-Clair , Cavaliès , Jordane Fays de Golesma , Dossa de Castelnua , Plais de Lissac , Dragonete de Mondrago , Marsebelhe de Cardailhac , Armande de Vernol , Rixens de Montferrie , Bonnefosse de Vilars , Bertrande de la Martinie , Alix de Esolesma , Isabée de Brison , Alena de Béduor , Sobirane de Salern , Flors Aimigna ,....... Aimague de Capdenac , Albrias de Valon , Imberta de Camela , Marie de St-Clair , Aigline Aymerique , Claire de Salern. Elles les conjurèrent par tout ce qu'il y a de plus saint d'approuver ce choix. La communauté , animée du meilleur esprit de paix et d'union, y consentit. Angline de Thémines fut proclamée prieure de l'Hôpital-Beaulieu le 29 novembre 1347. *(Voir l'acte de cette élection, page 344, de Doat, manuscrit de la bibliothèque nationale, Paris.)* L'en-tête de Doat est fautif, le texte de l'acte corrige. Cette jeune prieure avait toute la fermeté et toutes les qualités nécessaires pour le gouvernement de cette grande maison. Elle en donna bientôt la preuve en résistant courageusement aux entreprises de Guillaume de Belhane grand prieur de Saint-Gilles.(1349). *On peut voir le texte de cet acte aux titres de Doat, page 355.*

Cependant des prodiges incessants s'opéraient par l'intercession de sainte Fleur et la renommée de sa sainteté volait au loin. Enfin, les miracles se multiplièrent tellement à son tombeau, que l'on dut procéder à l'exaltation solennelle de son corps. Cette sainte et consolante mission fut confiée à Géraud de Lentillac, abbé de Figeac, par l'évêque de Cahors, Bertrand de Cardaillac. « L'année de notre salut mille troiscent-soixante (1360), le onze du mois de juin, fête de saint Barnabé, apôtre, c'est-à-dire la treizième année après la mort de la vierge Flore, l'abbé de Figeac leva son corps de terre, afin de le mettre dans un lieu plus éminent. (1) Au moment où le tombeau de la bienheureuse fut ouvert, un parfum de l'odeur la plus suave se répandit sous la forme d'une rosée embau-

---

(1) Il était demeuré jusque-là enseveli dans une tombe basse de la vieille église. Châtelain, *Martyrologe universel*, page 931.

mée sur la foule du peuple, que la nouveauté de ce spectacle avait attiré de partout. Ce jour-là, un grand nombre de malades recouvrèreut la santé du corps, tous reçurent des secours spirituels abondants; il n'y eut qu'une voix pour publier que ce parfum qui venait d'embaumer l'air, ne pouvait venir que de Dieu tout-puissant. »

« Le samedi suivant, dans la paroisse d'Aynac, distante du manastère à peu-près de deux lieues de chemin, une femme fit un vœu, et reccouvra la vue et l'usage de la raison ; en accomplissement de son vœu, elle vint offrir une couronne de cire qu'elle avait vouée. Dans la même paroisse, un cultivateur était près de mourir, il se sentait étouffé comme si une main invisible lui eût serré la gorge; il fit un vœu semblable, et se trouva subitement délivré : il attesta ce fait sous la foi du serment. Dans la paroisse de Bio, un aveugle recouvra la vue après un mois de cécité, à la suite d'un vœu. Dans la paroisse d'Issendolus, une femme souffrait d'une violente douleur au cœur ; elle fit un vœu, et se rétablit. »

« Dans la paroisse de Loubressac, à trois heures environ du monastère, un enfant était près de mourir ; il demeura longtemps à l'agonie ; dans un mouvement de foi, sa mère le prend, le porte à l'église, et en présence du peuple qui était accouru à ce spectacle, elle fait vœu d'aller en pélerinage au tombeau de Flore si l'enfant se rétablit, et aussitôt l'enfant fut guéri. Un soldat de Limoges, infirme toute une année et perclus de tout son corps, voua son image en cire si , dans l'octave de saint Barthélemy, il était guéri. La chose arriva comme il l'avait demandée. Dans la paroisse de Sonac, une femme voua à la vierge Flore sa fille réduite à l'agonie, et aussitôt elle eut le bonheur de la voir guérie. Une autre à la suite d'un vœu, fut guérie d'une main malade. Dans la paroisse de Rueyres (*in parochia Rosicirensi*) une femme était demeurée sept jours en mal d'enfant ; elle invoqna l'illustre vierge , et mit au monde son enfant en parfaite santé. Dans le Rouergue , une autre noble dame, en danger de mourir du même mal , fut sauvée par l'intercession de la sainte. »

« Dans la ville de Figeac , une femme souffrait des yeux , une parcelle d'un os tiré du corps de la sainte la guérit. Dans la même ville , une parcelle de son habit guérit les yeux d'une autre personne malade. Dans le monastère de Leyme, voisin de celui de l'Hôpital , une religieuse fut guérie d'une maladie dangereuse par l'attouchement d'un morceau des habits de Flore ; la même faveur fut accordée à un grand nombre d'autres personnes. Dans la paroisse de Corn et St-Laurent, un soldat pris d'une fièvre continuelle, avait perdu l'usage de ses sens et était près de mourir, il recouvra la santé contre l'espérance de tout le monde, après un pélerinage que sa femme, sa sœur et d'autres filles firent au tombeau de la sainte , pieds nus, et une offrande de cire représentant l'image d'un homme qu'elles offraient en vœu. Dans la paroisse d'Albiac, une femme avait souffert pendant neuf jours les plus affreuses douleurs de l'enfantement, elle fit un vœu et mit au monde son enfant vivant. »

« Un soldat de ce pays avait été fait prisonnier par les Anglais, et allait être décapité, parce que peu de jours auparavant les Français avaient pendu quatre Anglais : dans cette extrémité il voua un pélerinage au tombeau de Flore et l'image en cire de ses chaînes ; il obtint la liberté et la vie, et accomplit son vœu. Un autre également prisonnier des Anglais, voyant ses compagnons de captivité horriblement torturés, voua un pélerinage et son image en cire, et bientôt après il put s'évader impunément. Le même fait se renouvela heureusement en faveur de deux soldats de Gourdon et de plusieurs autres que les Anglais avaient jetés dans les fers. »

« Une femme, du lieu de l'Hôpital, fut guérie d'une fièvre mortelle par un vœu à sainte Flore, et se rétablit aussitôt contre l'espérance de tout le monde. Une femme de Figeac, souffrant d'une horrible douleur de tête, fut totalement guérie en touchant une parcelle des habits de Flore. Une noble dame de Limoges recouvra en peu de temps l'usage de l'ouïe, elle était demeurée sourde pendant six ans ; en accomplissement de son vœu, elle offrit l'effigie de ses oreilles en cire. Une autre femme et deux hommes épileptiques, guérirent de cette maladie à la suite d'un vœu. Une autre femme voua son enfant, que tout le monde regardait déjà comme mort ; elle eut le bonheur de le voir bientôt rendu à la santé. Une femme en mal de couches et en danger de mort, fit un vœu, mit sur elle un morceau de l'habit de Flore, et au même instant elle mit au monde son enfant vivant, et elle-même se rétablit. La même chose arriva à une autre. Une troisième se fit mal en marchant ; elle-même et le fruit qu'elle portait dans son sein étaient en grand danger ; elle fit un vœu et eut le bonheur de se sauver elle et l'enfant. Une autre obtint par son vœu la vie de son fils mourant. »

« Un certain Philippe Jean , homme de noblesse , fut guéri d'une maladie très-dangereuse, et en accomplissement de son vœu, vint offrir son image en cire du poids de six livres. Trois femmes recouvrèrent une santé parfaite à la suite de vœux semblables : l'une paralysée de tous ses membres, l'autre attaquée d'une maladie grave, la troisième, atteinte de la fièvre. L'abbesse de Leyme, atteinte d'une maladie dangereuse, recouvra subitement la santé après un vœu semblable. Une dame stérile fit un vœu et dans l'année elle eut un enfant. Une religieuse de ce monastère voua à sainte Flore son frère qui était de la noblesse de Limoges, depuis longtemps prisonnier des Anglais, et bientôt il réussit à obtenir la liberté. » — Bollandistes.

« Une femme avait souffert toute une année d'un mal fort dangereux au tibia de la jambe, elle fit un vœu, et fut subitement guérie contre la croyance des médecins. Une autre avait perdu son enfant depuis trois jours, et le croyait déjà dévoré par les loups, elle fit un vœu et le recouvra sain et sauf. Une noble dame avait promis par un vœu une échelle de cire, si les prières de Flore écartaient les Anglais de son château; en effet les Anglais s'égarèrent et ne purent jamais trouver le chemin pour y arriver. Plusieurs s'adressaient à Flore pour des choses perdues, comme bœufs, vases, anneaux d'argent, etc. ; ils virent leurs vœux exaucés. Plusieurs femmes longtemps stériles, obtinrent la fécondité par des vœux semblables. Une foule innombrable d'autres obtinrent par l'intercession de Flore une parfaite santé : les unes souffraient de la tête, les autres avaient mal aux yeux ; une autre était devenue comme enragée par la souffrance que lui causait un petit ver qui lui était entré dans l'oreille. L'écrivain ajoute qu'il ne lui est pas possible de citer tous les miracles, tant ils excèdent en nombre. »

« Un prisonnier se voyait sur le point de périr (1), déjà le sabre était levé sur sa tête; il fit un vœu et obtint la liberté et la vie. Un certain Macippus Jovœus (2), avait été fait prisonnier, enfermé dans une tour, jeté dans les fers ; il ne devait être relâché que lorsqu'il

(1) Voir pièces justificatives nº 12.

(2) Il était de Lauresses, dans le Quercy, sa parenté promit de dire, en l'honneur de Dieu et de la vierge Marie, sept fois l'*Ave Maria* par jour toute l'année, et en outre un pèlerinage du prisonnier avec son image en cire d'une livre, la nuit d'après il s'échappa de ses fers. Traduction littérale du manuscrit provençal du XIVe ,au XVe siècle, faite par ordre de Louis XIV par de Doat. Manuscrits de la bibliothèque nationale, Paris.

aurait payé aux Anglais vainqueurs douze florins d'or. Une de ses pieuses parentes fit un vœu pour lui au monastère de l'Hôpital, et avec le secours de la protection divine, il réussit à se sauver de la prison et des fers, sans payer les douze florins d'or. Un homme de la première noblesse et très-puissant dans ce pays, souffrait d'une douleur tellement violente à la tête, que ne ponvant se posséder ni dans sa maison, ni au dehors, il était comme fou et courait la nuit à travers la forêt. L'idée lui vint de recourir à la vierge Flore ; il fit un vœu, redevint maître de lui-même et se rétablit totalement. Son fils obtint par un vœu semblable la guérison d'un œil qu'il était en danger de perdre et cette guérison fût instantanée. » — Bollandistes.

« Un noble chevalier attesta après la mort de Flore, qu'un jour traitant avec elle des choses divines, il vit deux anges se tenant aux deux côtés de cette sainte religieuse. Une autre fois un religieux vit des charbons enflammés envoyés du ciel sur la tête de la servante du Seigneur, et aussitôt il sentit son cœur brûler d'une ardeur merveilleuse. »

« Un homme avait eu le malheur de tomber dans un grand crime ; au jugement de ses amis, il méritait la mort, il fit un vœu et se recommanda à la vierge Flore; il échappa impunément au péril. Un autre par un vœu semblable s'échappa des mains des Anglais sans recevoir aucun mal. Une femme surprise par les Anglais avait été enchaînée par eux ; craignant pour elle la mort et le dernier opprobre, elle se recommanda à Flore ; au même instant elle fut miraculeusement arrachée d'entre leurs mains. En accomplissement de son vœu, elle vint sur ses genoux, tenant à la main son image de cire depuis le seuil du monastère jusqu'au tombeau de Flore. Un autre malade, qui avait souffert longtemps d'une douleur au cœur, vint pareillement sur ses genoux depuis le seuil du monastère jusqu'au tombeau de Flore, portant à la main une offrande expiatoire en cire, il avait subitement recouvré la santé à la suite du vœu qu'il avait fait. »

« Un habitant d'Issendolus se trouvant en danger de mort, voua une offrande en cire ; bientôt après il recouvra la santé, et accomplit son vœu. Dans la suite, le même homme fut pris par les Anglais, ils l'emmenèrent dans la petite ville appelée Fons, et l'enfermèrent dans un tonneau ; il fit un vœu à sa bienfaitrice ordinaire, et la nuit il réussit à se sauver du tonneau et des mains des Anglais. Dans la même paroisse, un homme offrit deux deniers pour sa femme et chacun de ses fils, afin que par l'intercession de Flore, il pussent éviter la fureur des Anglais. L'événement justifia ses vœux. Une femme offrit une mesure d'avoine ; afin de préserver des flammes sa récolte assemblée, où le feu avait commencé de prendre, et au même instant le feu s'éteignit sans lui causer aucun dommage. »

« Un autre habitant d'Issendolus avait été mordu par un loup enragé ; bientôt il devint furieux et tomba dans la rage, il se déchirait lui-même et tous ceux qu'il pouvait atteindre de ses morsures ; il remplissait tous les environs de ses cris et de la frayeur qu'il répandait. Le jour de Pâques il entra comme un furieux dans l'église paroissiale ; on se saisit de lui et on le lia fortement avec des cordes. On l'engagea à recourir à la vierge Flore avec foi ; tout en vociférant il pria qu'on le conduisît à son tombeau. On l'y amena, longtemps il se coucha sur le tombeau, poussant des gémissements, vociférant et mugissant comme une bête féroce ; enfin il s'endormit. Lorsqu'il s'éveilla il dit avec un profond sentiment de reconnaissance qu'il se croyait mieux ; en effet, son esprit redevint tranquille, il recouvra une parfaite santé, et il offrit la cire expiatoire qu'il avait vouée ; en action de grâce de ce bienfait il persévéra pendant neuf jours entiers au tombeau de la sainte. »

« Lorsque Flore était encore en vie, un chevalier de l'Auvergne vint la prier de guérir son fils de la maladie de saint Namphase, c'est-à-dire de l'épilepsie, dont il était atteint ; Flore répandit ses prières devant Dieu, et le malade fut totalement guéri. C'est ainsi que de son vivant elle guérit un grand nombre de malades atteints de ce mal. Les Anglais avaient acheté un château voisin, ils avaient résolu de le prendre par les armes et de vive force sur le soir de la fête de saint Jean-Baptiste. La noble dame du lieu craignant la fureur des ennemis, invoqua la bienheureuse vierge Flore, et voua l'image de son château en cire du poids d'une livre. Les ennemis furent repoussés, sans aucune perte du côté des assiégés ; et le vœu fut accompli. Un criminel, détenu dans les prisons de l'évêque de Cahors , avait été condamné par un jugement à une détention perpétuelle. Après être demeuré long-temps en prison , il entendit rapporter à son frère les choses merveilleuses qui arrivaient par l'invocation de cette illustre vierge. Il fit un vœu et réussit à s'évader du lieu où il était détenu. Dans la ville de Montpellier, un religieux atteint d'une maladie dangereuse , recouvra la santé à la suite d'un vœu à sainte Flore. Frappés de ce miracle, un grand nombre d'habitants de la même ville firent des vœux semblables et obtinrent de Dieu la santé corporelle. Une pareille foi guérit un religieux d'une violente douleur au bras , après qu'il eut célébré une messe solennelle en l'honneur de la glorieuse mère de Dieu et de la vierge Flore. »

« Non loin du monastère, une maison fut totalement consumée par le feu ; au plus fort de l'incendie la maî-tresse de la maison contiguë , effrayée du péril qui était imminent , voua l'effigie de cette maison en cire , et ce bâtiment fut sauvé. Un moine de Maurs habile à tirer de l'arc ayant un jour , par mégarde , lancé une flèche , le trait parti d'une main vigoureuse , vint traverser l'épaule d'un homme , et le renversa demi-mort. Le moine connaissait les miracles qui s'opéraient tous les jours par l'interces-sion de la vierge Flore , il fit un vœu et arracha le blessé d'un danger prochain de mort. Un habitant de Maurs avait tué un homme , tout en conservant la modération d'une légitime défense ; malgré cela, la justice de Maurs le recherchait comme homicide ; or le vœu adressé à sainte Flore , lui conserva la liberté et la vie. Cette illustre vierge sauva de périls semblables une foule innombrable d'autres malheureux. Une pauvre femme voua une offrande de cire et une livre d'huile, afin qne son fils depuis longtemps prisonnier des Anglais, obtînt sa liberté. Bientôt après il se vit libre et revint chez lui sans payer une obole. Un habitant de Sarlat avait vu sa maison au pillage, lui-même était emmené captif par les satellites de Cahors, par l'intercession de Flore, il revint dans ses foyers sain et sauf et ne perdit rien de son avoir. »

« Un homme de Cornac souffrait d'une douleur extrême au côté, il fit vœu d'observer tous les ans un jeûne au jour anniversaire de la mort de Flore, et la douleur disparut aussitôt, il accomplit son vœu. Plusieurs femmes en danger de mort dans leurs couches, furent miraculeusemeut secourues par elle, surtout une de la paroisse de Cornac (1) qu'on pleurait déja comme morte avec son fruit. Elle fit un vœu, s'accoucha heureusement, l'enfant même fut sauvé. Une noble dame invoqua la puissante protection de Flore en faveur de son frère, dont les Anglais se préparaient à assiéger les deux châteaux. L'évènement arriva au gré de ses vœux. De même un homme qui souffrait horriblement au tibia d'une jambe, fut guéri et put marcher facilement après un vœu à la sainte. »

« En l'année mille trois cent soixante (1360), non loin des murailles du monastère, une femme avait passé

___

(1) « Madame Catherine de Cornac la voua à Dieu et à Madame Flors. » Manuscrit de la bihlioihèque nationale, de Doat. — Paris.

quinze jours entiers sans sommeil , souffrant d'une douleur extrême au côté , elle voulut être portée au tombeau
de Flore, elle se sentit aussitôt guérie et s'endormit ;
et rendit grâce à Dieu. Une matrone de Figeac avait passé
trois mois infirme dans son lit , on la porta à son tombeau ,
elle offrit un ex-voto en cire , et aussitôt elle se sentit
raffermie sur ses pieds , parfaitement guérie et put se
tenir debout. La fille du Seigneur de Gourdon fut sauvée
d'une mort imminente , par la vive foi de ses parents
qui vouèrent pour elle un suaire à la bienheureuse
Flore. »

*Ditissimus dominus , e Vasconia oriundus , Xantonum
episcopus , gravissimorum scelerum reus ita ut et fisco
ejus bona addiscenda essent , et ipse morte damnandus ,
audita tantæ sanctitatis , ac miraculorum fama , virginem Floram inclamavit , obtentaque post votum salute
ac securitate , tumulum adiit , remque urgente conscien-
tia ad virginis laudem aperuit : addiditque longiori charta
opus fore , si singula hæc describerentur. »*

« Un soldat du seigneur de Gramat fit un vœu et fut
délivré des douleurs les plus violentes qu'il éprouvait à
la tête et dans tout le corps. Un autre soldat du même
lieu, après un vœu semblable, fut guéri par l'intercession
de Flore d'une fièvre continue., et d'après le jugement
des médecins mortelle. Une femme de Gramat obtint la
guérison de son fils après un vœu qu'elle fit à cette bienheureuse vierge, ce qui arriva à beaucoup d'autres dans
la même ville. Dans la Gascogne, à la suite d'un vœu, une
femme obtint une guérison instantanée. Dans la même

province une femme eut recours avec beaucoup de larmes à la bienheureuse Flore, elle fit vœu de venir en pélerinage à son tombeau et de s'abstenir de viande jusqu'au jour où elle aurait le bonheur de voir de retour son fils, que les ennemis avaient laissé criblé de blessures et demi-mort sur le champ de bataille. L'événement justifia ses vœux. C'est ainsi que la bienheureuse Flore, Dieu le voulant ainsi, délivra un grand nombre d'autres malheureux du péril de mort, des fers et de la prison, soit chez les Anglais, soit chez les Français. »

« En l'année de notre salut mille quatre cent cinquante-six (1456), une noble dame souffrait d'une grave maladie, qui paraissait être le mal de saint Namphase, c'est-à-dire l'épilepsie, et aussi de la perte de la raison par intervalle; un religieux qui connaissait particulièrement la sainteté de Flore, engagea cette noble dame à vouer son image en cire et un pélerinage à son tombeau ; et bientôt elle fut guérie. Une autre femme désirant recouvrer l'usage de la vue, voua l'image de ses yeux en cire et un pélerinage ; aussitôt elle se trouva mieux, et en peu de temps ses yeux devinrent entièrement sains. La rumeur publique accusait une autre femme du plus grand crime, elle était tellement diffamée qu'elle était en danger de perdre la vie ; elle voua son image en cire et un pélerinage ; elle échappa à la mort et recouvra sa réputation. Un noble baron fut pareillement guéri d'un violent mal de tête par un vœu. » — Bolland.

Je ne puis mieux finir ce récit des miracles de Flore, qu'en ajoutant ici la remarque dont Hugues Amadieu fait précéder le chapitre IV de sa vie dans les actes des saints, tom. 6°—Juin. Je cite : « Par les prières de Flore, Dieu, dans sa miséricorde, opéra des miracles tellement innombrables en faveur de ceux qni l'invoquaient, soit de son vivant, soit après sa mort, ces prodiges excitèrent dans tout le pays une telle confiance en elle, que bientôt la renommée de son nom fut répandue au loin. De son vivant elle était dans toute les bouches, et après sa mort son souvenir demeura honoré de tous. Ce volume ne suffirait pas, si nous voulions rapporter ici tous les miracles qu'elle a opérés et qu'elle fait tous les jours. L'ancien auteur que je traduis a ajouté à sa vie cent onze miracles (qu'on vient de lire) ; il assure que plusieurs ont été guéris par l'intercession de Flore du mal horrible. Je pense que ce mal horrible n'est autre chose que l'épilepsie, mal assez commun dans ce pays, et que, ailleurs, on appelle mal de saint Namphase. »

Hugues Amadieu — Bollandistes — Actes des saints, tome 6° de Juin. — Le père Louis de Mesplèdes cite, page 92, cent dix-neuf miracles, huit de plus que Hugues Amadieu ; il est probable que ces miracles étaient de peu d'importance et que ce dernier auteur a cru devoir les passer sous silence.

CHAPITRE VI.

Biographes de sainte Flore ou Fleur.

Il est utile de faire connaître les divers biographes de sainte Flore. Le récit des vertus et des miracles qu'on vient de lire, puise sa valeur dans l'autorité des personnages pieux et capables, qui nous en ont conservé le touchant souvenir.

Le directeur sage et éclairé d'une conscience si pure, témoin de tant de merveilles, voulut en conserver l'édifiant souvenir, et il en consigna le récit dans des mémoires très-probablement écrits en latin, peut-être du vivant de la sainte ou du moins très-peu de temps après sa mort. C'est ce qui résulte du témoignage du père Conrad Janning. On lit, en effet, au tome 6e de juin, *Actes des Saints* par les Bollandistes, troisième numéro de la dissertation préliminaire (1) : « Il est certain que la partie principale de sa vie, c'est-à-dire celle où sont racontées ses tentations, ses lumières surnaturelles, ses visions et les diverses grâces intérieures qu'elle reçut de Dieu, grâces secrètes qui échappent à l'œil de l'homme, tous ces détails de sa vie intime nous ont étés conservés par son confesseur. »

____

(1) Appendix ad diem XIe junii.

Le second biographe de notre sainte fut un compilateur, qui travailla sur les mémoires du confesseur de Flore, mais dont le nom est demeuré inconnu. Le savant Bollandiste se demande quelle est l'époque précise où ce compilateur a écrit. Il répond ainsi à la question qu'il se pose. On doit mettre hors de doute qu'il écrivit après la mort de la sainte ; mais il n'est pas possible de fixer l'année de la composition de son ouvrage. On peut faire deux hypothèses. On peut supposer d'abord qu'il fit ce travail en l'année 1360 ; à l'époque où l'abbé de Figeac leva son corps de terre le onze juin. On comprend aisément l'admiration universelle, que dut exciter la nouvelle de la levée de terre merveilleuse de ce corps saint, treize ans après sa mort, alors que le tombeau étant ouvert, un parfum de l'odeur la plus suave se répandit sous la forme d'une rosée embaumée sur tous les assistants. On était avide de connaître la vie de celle dont Dieu manifestait ainsi la sainteté. Cette hypothèse expliquerait pourquoi ce compilateur a écrit son ouvrage dans la langue vulgaire du Quercy à cette époque. Malheureusement ce n'est là qu'une hypothèse, raisonnable sans doute, mais en définitive sans autre fondement qu'une simple conjecture. On peut supposer en second lieu, que le compilateur inconnu dont nous parlons, a pu écrire son ouvrage entre l'année 1456 et l'année 1482. En voici la raison : à la fin de l'ouvrage, au récit des miracles opérés après la mort de Flore, il est fait mention de l'année 1456, comme d'une année écoulée ; ensuite, dans un autre endroit de la même histoire, saint Bonaventure, le séraphique docteur de l'Eglise, est appelé simplement *domnus Bonaventura*, le seigneur Bonaventure, ce qui prouve que saint Bonaventure n'avait pas encore été inscrit par le jugement de l'Eglise au nombre des saints, ce qui arriva en l'année 1482. Cette dernière hypothèse a pour l'appuyer quelques preuves de plus que la première, mais elle n'est pas irréfutable. En effet, il n'est pas certain que le récit du miracle arrivé en l'année 1456 soit du compilateur dont il s'agit*, cette partie de la vie de sainte Flore peut avoir été ajoutée plus tard par un des écrivains subséquents ; l'ouvrage de cet auteur pourrait donc être antérieur à la date que nous donnons. Enfin, laissant les opinions de côté pour nous arrêter à quelque chose de certain, nous pouvons établir comme incontestable, que cet ouvrage peut avoir été écrit au XIVe siècle, et qu'il a été certainemeut écrit avant l'année 1482.

Ces actes primitifs de la vie de sainte Flore, Hugues Amadieu nous apprend, qu'il les a trouvés au dit monastère écrits dans la langue vulgaire.

« Ce langage, dit-il, est plutôt le langage des « Espagnols et des habitants de la Catalogne, que notre « langue vulgaire actuelle. Cependant il est hors de « doute que c'était alors la langue vulgaire du pays, « comme on peut le voir par les autres actes, titres « ou parchemins de cette époque. » Ce manuscrit était conservé aux archives de l'Hôpital Beaulieu. En l'année 1667, Jean de Doat, conseiller du roi, président à la chambre, etc., par ordre de Louis XIV, fit transcrire le texte original quercinois. Cette copie collationnée avec le plus grand soin, la traduction française en regard, est déposée aux archives de la bibliothèque nationale de Paris. (Voir les *Titres de l'Hôpital-Beaulieu* de Doat, page 252.)

Jacques Bosio vivait vers la fin du seizième siècle, il était originaire de Milan, chevalier servant de l'ordre de Malte et agent de cet ordre à Rome ; il écrivit l'histoire de l'ordre de Saint-Jean. Les deux premiers volumes furent imprimés à Rome en 1594 et le troisième huit ans après en 1602. D'après les documents réunis dans ce grand ouvrage, Bosio lui-même ou plutôt un autre écrivain italien, fit un recueil de la vie des saints et des bienheureux du même ordre ; ce recueil fut édité d'abord à Rome, puis réimprimé à Palerme en 1603. Il fut traduit en français et imprimé pour la première fois en 1637, puis en 1687. La vie de sainte Flore est consignée dans cet ouvrage, c'est la dernière. Cependant Bosio n'avait rien dit de notre sainte dans sa grande histoire de l'ordre. Il est probable que les documents relatifs à cette vierge merveilleuse ne parvinrent à l'auteur quel qu'il soit du recueil, qu'après la publication de la grande histoire du même ordre. A quelle source avaient été puisés ces documents ? Nous l'ignorons, toujours est-il qu'ils sont inexacts sur quelques points.

Or voici quelle est la légende de Bosio. « La bien-
» heureuse et très dévote vierge sainte Flore, de l'ordre
» de Saint-Jean de Jérusalem, passa de cette vie mor-

» telle à la vie immortelle l'année trente-septième ou
» trente-huitième de son âge et de notre salut 1299, au
» monastère dit l'Hôpital-Beaulieu, sur le territoire et
» diocèse de Cahors, dépendant du prieur de Saint-
» Gilles, du même ordre de chevaliers en Provence.
» Dieu rendit cette bienheureuse vierge illustre par les
» miracles opérés à son invocation, soit de son vivant,
» soit après sa mort. Son corps saint est conservé avec
» une grande vénération, et se voit dans l'église de
» Saint-Jean du dit Hôpital. Tous les ans, le onze juin,
» sa fête s'y célèbre de la manière la plus solennelle
» par un grand concours de peuple. On dit que le
» nom de Flore lui vient d'un miracle qu'elle fit : en
» effet, comme dans une disette publique elle portait
» un jour du pain aux pauvres, comme la prieure vou-
» lait savoir ce qu'elle portait, ouvrant le pli de son
» habit, à la place du pain qu'elle y avait mis, elle
» montra des fleurs et des roses. Il est d'usage de re-
» présenter cette sainte vierge à genoux, tenant son
» rosaire à la main, vêtue d'une robe rouge, sur la
» poitrine une croix rectangulaire, semblable à celle
» que les chevaliers du même ordre armés, portent
» d'ordinaire sur la partie extérieure de leur habit
» militaire. Ensuite, sur cette robe rouge elle porte un
» manteau noir orné au côté gauche d'une croix blan-
» che octogone, exactemeut de la mêm forme que
» celle que les chevaliers de nos jours ont coutume de
» porter. Cet habit est celui que Guillaume de Villaret,
» maître de l'ordre, alors qu'il était prieur de Saint-

» Gilles, donna aux religieuses du dit Hôpital. Enfin, il est
» d'usage de représenter devant cette auguste vierge
» un ange d'une main lui présentant une couronne de
» fleurs, de l'autre lui montrant un siège précieux dans
» les airs, comme pour lui dire qu'un trône semblable
» lui était préparé dans le ciel. Un peu au-dessus d'elle
» apparaît au milieu des nuages Dieu le père, les bras
» étendus, comme pour la recevoir. » L'estampe im-
primée à côté de la notice représentait la vision que nous
venons de décrire.

En l'année 1706, la princesse Marie d'Orléans, du-
chesse de Nemours, fit don à Châtelain, auteur du
Martyrologe universel, d'un exemplaire de la *Vie de
Sainte Flore*, par le père Louis de Mesplèdes (1). Cet
ouvrage, écrit en français, avait été imprimé à Paris,
en l'année 1625. Le format de cet ouvrage est petit et
peut facilement échapper à la vue dans les recoins d'une
bibliothèque; on ne peut aujourd'hui en retrouver aucun
exemplaire; mais fort heureusement Châtelain nous en
a conservé le résumé dans le *Martyrologe universel*,
imprimé à Paris en l'année 1719. Le père Louis de
Mesplèdes était professeur de théologie et prieur des
Frères prêcheurs, c'est-à-dire des Dominicains de Figeac.

(1) Le père Louis de Mesplèdes est l'auteur de plusieurs ouvrages:
*Cutalania Gallia vindicata adversus hispaniensium scriptorum
imposturas* Paris, 1643.

Notitia antiqui status ordinis Prœdicatorum. Paris, 1643. *Com-
monitorium de necessaria ordinis prœdicatorum renovatione, per
capitulum generalissimum* Cahors, 1644.

Cet auteur a soin d'avertir le lecteur, au commencement de son livre, qu'il a fidèlement extrait tout ce qu'il rapporte, soit de l'ancien manuscrit écrit dans le vieux langage populaire du Quercy, soit d'autres titres ou documents conservés au monastére de l'Hôpital-Beaulieu et que lui avait communiqués dame Antoinette de Vassal du Couderc, prieure dudit monastère. Le père Louis de Mesplèdes atteste, sur son caractère de chrétien et de prêtre, qu'il n'a rien changé à la substance de l'ouvrage, mais plutot qu'il n'a été que le commentateur des premiers écrivains (1). Il est, cependant, inexact sur des points essentiels.

En 1643, le père Mathieu de Goussancourt, religieux Célestin du couvent de Paris, publia sous le titre de *Martyrologe des chevaliers de Saint-Jean de Jérusalem, dits de Malte*, un recueil très-intéressant contenant les notices biographiques et les armoiries des personnages les plus illustres de cet ordre, et il y consigna le souvenir de l'illustre vierge. Malheureusement induit en erreur par de fausses conjectures, il la confondit avec la bienheureuse Rozeline de Villeneuve, décédée en 1350 à la Chartreuse de Celle-Roband, du diocèse de Fréjus, fondée par son frère Elion de Villeneuve, vingt-cinquième grand-maître de l'ordre de Saint-Jean. (2)

---

(1) Dissertation des Bollandistes, tome 6° de juin

(2) M. Bouange, épisode de sainte Flore, histoire de l'abbaye de St-Géraud d'Aurillac. Martyrologe des chevaliers, imprimé à Paris, rue Saint-Jacques, par François Noël, et la veuve Guillaume Lenoir. Deux volumes in-folio, tom, 2°. Dictionnaire de Moreri, tome X, article Villeneuve.

En 1693, Hugues Amadieu, docteur en théologie de l'Académie de Toulouse et curé de la paroisse Saint-Urcisse, à Cahors, écrivit à son tour l'histoire de sainte Flore ou Fleur. Les Bollandistes, privés des actes antiques de la sainte qu'ils désiraient avoir pour les insérer dans leur grand ouvrage, écrivirent à leurs pères du collège de Cahors, avec prière de les leur procurer. Le père Forneille, recteur de ce collège, s'adressa à Hugues Amadieu, curé de la même ville, comme à celui qui lui paraissait le plus capable de fournir les renseignements les plus exacts et les plus sûrs. En effet, Hugues Amadieu, outre sa capacité et ses talents, connaissait parfaitement le monastère de l'Hopital-Beaulieu et tout ce qui se rattachait à son histoire. Deux évêques de Cahors successivement lui avaient confié le soin de ce monastère, depuis sept ans il y dirigeait les exercices spirituels d'une retraite donnée chaque année aux religieuses par son ministère. Il ne pouvait donc ignorer aucune des choses principales qui intéressaient cette communauté. Hugues Amadieu eut à sa disposition tous les titres ou documents conservés dans les archives de l'Hopital-Beaulieu. Cet auteur composa son ouvrage sur l'antique manuscrit, écrit dans le vieux langage du Quercy, qu'on conservait précieusement au monastère. Amadieu nous a donné la description de cet antique manuscrit : il formait, dit-il, un volume *in-quarto* contenant une série d'évangiles, d'oraisons et autres prières relatives à l'office divin ; vers le milieu se trouvaient les actes de la vie et les miracles de la sainte.

C'est cet ancien manuscrit que Hugues Amadieu traduisi[t] en latin, sans rien y changer, ajoutant seulement quelques notes explicatives, pour n'altérer en rien le récit des premiers écrivains.

On peut confronter le récit de cet auteur avec le vieux texte quercinois, déposé aux archives de la grande bibliothèque de Paris par les soins de Louis XIV. Il résulte de cet examen que Hugues Amadieu est d'une exactitude scrupuleuse.

Henri de Briqueville de la Luzerne, évêque de Cahors, donna son approbation à cet important travail. Voici le texte de ce document :

« Sanctæ Floræ vitam, latina descriptione figuratam,
» studiosè evolvimus. suisque ponderibus examinavi-
» mus, in qua nihil pietati adversum, sanisque mo-
» ribus dissonum deprehendimus, sed cuncta laudum
» preconiis extollenda dignáque quæ ab omnibus imi-
» tatione exprimantur, judicavimus. Tot enim pietatis,
» virtutumque exempla, clarissimis argumentis expressa
» coruscant, ut talem vitam. laudabili religionis studio
» traductam, fidelibus legendam libenter concedamus,
» ut attenta illius lectione ipsorum animi ad pietatem
» amplectendam ardentius concitentur.

» Datum Cadurci, die prima septembris anno Domini
» MDCXCV.

» *Henricus*, ep. Cadurcen ;

» *et infrà* ALLUINCOURT. »

Hugues Amadieu envoya alors son ouvrage aux Bollandistes, il l'accompagna d'une lettre précieuse touchant l'histoire du monastère et son état au XVIIe siècle. C'est ce travail, précédé d'une savante dissertation du père Conrad Janning, que les Jésuites publièrent à l'appendice au 6e volume de juin. Malheureusement, le travail de Hugues Amadieu avait pris du temps ; dans cet intervalle, le 2e volume de juin avait été imprimé et les Bollandistes y avaient inséré au 11e jour, la notice erronée de Jacques Bosio.

Nous avons déjà parlé de Claude Châtelain, dans le *Martyrologe universel* imprimé à Paris en 1703 ; il avait consigné le souvenir de l'illustre vierge, au 11 juin, page 200, c'est la notice italienne.

Plus tard, en 1719, il reproduisit, page 931, corolaire des aèméres, le récit du père Louis de Mesplèdes.

Quelques autres écrivains parlent aussi, soit du monastère de l'Hôpital-Beaulieu, soit de notre sainte ; je puis citer rapidement : le *Gallia Christiana*, par Denis de Sainte-Marthe, en 1715, 1er vol. ; — le P. Helyot, en 1721, *Histoire des Ordres monastiques*, 3e vol. ; — le *Propre de Cahors* en 1746 ; — Antoine Cathala-Coture, *Histoire du Quercy* (malheureusement, ce dernier est plein d'erreurs); — Debons, *Sources historiques du Quercy* ; *Annales de Figeac*. Cet ouvrage est aussi erroné sur bien des points. — *Statistique du département du Lot*, par M. Delpon ; — *Le Dictionnaire statistique du Cantal*, article Saint-Constant, Maurs, publiés, le 1er, en 1855, le 2e, en 1857 ; — *le Propre de Saint-Flour*, le nouveau Propre de Cahors; Marc-Antoine Dominici : *Histoire du pays de Quercy*, manuscrit du grand séminaire de Cahors; — *Histoire de l'abbaye de Saint-Géraud d'Aurillac*, par M. Bouange, vicaire général d'Autun ; etc.

Je m'arrête aux auteurs que je viens de citer, je crois avoir démontré que la vie merveilleuse qu'on vient de lire est appuyée sur les titres les plus incontestables.

CHAPITRE VII.

**Chronologie de sainte Flore ou Fleur. — Son culte.
— Ses reliques. — Prières en son honneur.**

Je ne puis terminer l'histoire de sainte Flore, sans
faire connaître les difficultés relatives à sa chronologie.
Nous pouvons diviser en deux classes les écrivains qui
ont parlé d'elle, les écrivains bien informés et les
écrivains mal informés.

1° Ecrivains mal informés ou erronés, c'est-à-dire
ceux qui écrivant de longues années après la mort
de notre sainte, n'ont pas eu la précaution de remonter
aux sources, que probablement ils ne connaissaient pas
et ont été induits en erreur par de fausses conjectures.
Nous devons placer en premier lieu dans cette catégorie Jacques Bosio ou l'auteur de la vie des saints
et des bienheureux de l'ordre de Saint-Jean ; il écrivait
en Italie vers l'année 1600, il fait mourir sainte Flore
en l'année 1299. Le père Goussancourt et le père Hélyot
donnent la même date, ils ont probablement copié le
premier.

Nous devons en second lieu placer dans la même
catégorie des auteurs mal informés Antoine Cathala-
Coture qui mourut en 1724 ; dans son Histoire du

Quercy, il fait mourir sainte Fleur vers la même époque que saint Louis; le bréviaire de Cahors, imprimé à Paris par les ordres de Bertrand Duguesclin, en l'année 1746, (1) fait mourir sainte Flore en l'année 1267 et lever son corps de terre en l'année 1270; Debons, Annales de Figeac, donne les mêmes dates.

Il est inutile de réfuter chacun de ces auteurs en particulier, il suffit d'une réfutation générale; en effet : 1° les divers auteurs que je viens de citer n'ont pas eu connaissance de la vie primitive de la sainte; 2° leur récit est plein d'erreurs sur les autres détails de la vie de Flore; 3° ils ont écrit loin du monastère de Beaulieu ou de longues années après la mort de Flore; 4° leurs assertions sont gratuites et sans preuves; 5° ils sont formellement contredits par les actes primitifs de la sainte, les titres et documents les plus authentiques.

Il est à regretter que ces divers auteurs, bien respectables d'ailleurs, ne soient pas remontés aux sources et aient été induits en erreur par la légende italienne et de fausses conjectures.

2° Ecrivains bien informés ou authentiques, c'est-à-dire ceux qui ont vécu à l'Hopital-Beaulieu, ou bien qui ont eu des rapports intimes avec cette communauté,

(1) Dominici, *annales de Cahors*. est la cause innocente de l'erreur du bréviaire; jugeant la date dn père de Mesplèdes erronée, il voulut la corriger et se livra à des inductions qui ne furent pas heureuses. — Manuscrit du grand séminaire de Cahors.

ceux qui ont écrit leur histoire sur les Mémoires du confesseur de Flore, conservés dans cette maison, sur les titres, documents et chartes du monastère. Nous devons placer dans cette dernière catégorie le père Louis de Mesplèdes et Hugues Amadieu. Or, c'est entre ces deux auteurs, l'un et l'autre authentiques et bien informés, qu'est la véritable difficulté. Le père Louis de Mesplèdes fait mourir Flore en l'année 1247 et lever son corps de terre le 11 juin, treize ans après sa mort. Hugues Amadieu fait mourir Flore en l'année 1347 et lever son corps de terre le 11 juin, treize ans après sa mort. Ils sont d'accord pour la date 47, pour son âge de trente-sept à trente-huit ans, pour la levée de son corps le 11 juin, treize ans après sa mort. Leur récit est donc identique, on voit qu'il a dû y avoir une erreur de chiffres pour le siècle de la part du copiste. Or, de quel côté est l'erreur, c'est ce que nous allons démontrer.

Je cite le père Conrad Janning, Bollandiste : la date 1247 donnée par le père de Mesplèdes, est erronée.

Le père de Mesplèdes donne cette date en chiffres 1247 ; or, une erreur en chiffres est très-facile, tandis qu'Hugues Amadieu donne la date mille trois cent quarante-sept en toutes lettres, ce qui rend une erreur presque impossible.

3° La charte de fondation du monastère (*Gallia christiana*, tome 1ᵉʳ, XLVII) fixe l'année 1235-1236 ; or, si Flore était morte en 1247, après une vie de plus de vingt ans passée dans cette maison religieuse, elle y serait entrée au moins en l'année 1227, c'est-à-dire avant que le monastère existât.

4° Il est dit dans la vie de Flore que le monastère avait été enrichi de biens immenses lorsqu'elle y entra ; or, les grandes libéralités en faveur de cette maison n'eurent lieu qu'en 1245 et 1253, c'est à dire après sa mort, ou peu de temps avant sa mort, si la date de 1247 était vraie.

5° Il est dit dans la vie de notre sainte que le monastère de Beaulieu était soumis à l'ordre de St-Jean, lorsqu'elle y entra ; or l'Hôpital-Beaulieu ne fut mis sous l obéissance de cet ordre militaire qu'en l'année 1259.

6° Il est dit dans Hugues Amadieu que son corps fut levé de terre en l'année 1360, c'est-à-dire treize ans après sa mort ; donc elle était morte en 1347 et non en 1247.

7° Il est dit dans la Vie de Flore qu'elle récitait avec un grand sentiment de piété l'office de la croix de saint Bonaventure (*Domnus Bonaventuræ*) ; or saint Bonaventure naquit en 1221, entra aux Frères Mineurs en l'année 1243, suivit sept ans les leçons d'Alexandre de Halés, c'est-à-dire jusqu'en 1250 ; si la date du père de Mesplèdes était vraie, elle aurait récité cet office avant qu'il eût été composé.

Par conséquent, une fois fixés sur la date de sa mort, sur celle de sa vie de trente-sept à trente-huit ans, nous avons la date de sa naissance, vers l'année 1309. Nous pouvons donc établir avec certitude qu'elle est née vers 1309, qu'elle est morte en 1347 et que son corps a été levé de terre le 11 juin 1360. — Voilà le raisonnement du savant Bollandiste. Le *Gallia christiana* donne la date 1347. — Châtelain, *Martyrologe universel*, a copié le père de Mesplèdes.

Les Bollandistes ont eu besoin de recourir à ce long raisonnement pour fixer la vraie chronologie de sainte Flore, parce qu'ils n'avaient pas sous les yeux le manuscrit original traduit contradictoirement par le P. de Mesplèdes et Hugues Amadieu. J'ai été plus heureux, aux archives de la bibliothèque nationale de Paris, Titres de Doat, j'ai pu consulter le texte quercinois du XIVe au XVe siècle, traduit par ces deux auteurs, la date mille trois cent quarante-sept y est écrite en toutes lettres. Le père de Mesplèdes a été infidèle dans sa traduction, ou bien il y a une faute d'impression dans son livre.

Culte de sainte flore ou fleur. — « Il est hors de doute, dit Hugues Amadieu, que de tout temps il y a eu un certain culte rendu à la mémoire de Flore. » De son vivant on venait se recommander à ses prières; après sa mort on continua, on le voit par l'histoire de sa vie. « On peut juger du culte rendu à la mémoire de Flore par le grand nombre des vœux et des miracles racontés dans ses actes. » Ce qui prouve même un culte liturgique, c'est la levée de son corps de terre treize ans après sa mort par ordre de l'évêque de Cahors.

En second lieu. « Au-dessous de ses reliques con- » servées dans un lieu éminent de la chapelle du monas-

» tère, il y avait un tableau représentant sainte Flore
» en prière, avec les attributs qu'on donne aux saints,
» sur la même ligne que les autres tableaux des saints
» reconnus par l'Église. » Or tout cela serait incroyable,
en dehors de l'autorisation des supérieurs ecclésiastiques.
Hugues Amadieu nous dit que de son temps on offrait
souvent le saint sacrifice à l'Hôpital-Beaulieu en l'honneur
de sainte Flore, mais on disait la messe de la Sainte-
Vierge ou la messe de tous les saints. On était dans
l'usage de lui vouer un suaire quand on était en danger
de mort et l'image en cire de la chose pour laquelle on
la priait.

« Les religieux de l'ordre militaire de Saint-Jean n'ou-
» bliaient jamais de l'invoquer dans leurs périls sur la
» mer; une infinité de religieuses, suivant la tradition
» des anciennes, ont appris à la prier et ont souvent
» éprouvé le secours miraculeux de sa protection ; c'est
» ainsi que le monastère de Beaulieu a été illustré par
» une suite non interrompue de miracles opérés à son
» tombeau par la miséricorde de Dieu et l'intercession
» de Marie. » *Hugues Amadieu.* — Tel était en 1693
le culte rendu à Flore : à cela je dois ajouter une prière
qui nous a été conservée par les Bollandistes, et qu'ils
croient avoir été composée au moment de la levée merveilleuse de son corps : « *Deus, qui beatam Floram,*
» *virginem tuam, ad cœlos perducere dignatus es ; itâ*
» *nos quæsumus, ejus meritis et precibus a cunctis*
» *iniquitatibus, et periculis, et ab omnibus inimicis*
» *nostris, visibilibus et invisibilibus, liberes et défen-*

» *das ac cœlestia cogitare nos facias. Per dominum*
» *nostrum, etc.* »

Enfin, l'illustre vierge de l'Hôpital-Beaulieu, depuis longtemps canonisée par la voix populaire avec l'approbation, du moins tacite, de l'autorité ecclésiastique, n'était vulgairement appelée que sainte Fleur (1). Aussi déjà sa sainteté était tellement reconnue que le père Louis de Mesplèdes lui donne toujours le titre de bienheureuse en 1625, et les Bollandistes en 1695, époque où ils reçurent le travail de Hugues Amadieu, nous disent dans la dissertation préliminaire, qu'il n'y a pas de décret du Saint-Siège qui lui donne le titre de sainte; qu'il est plus rationnel de l'appeler bienheureuse, mais qu'ils ne blâmeraient pas celui qui l'appellerait sainte; c'est-à-dire que déjà à cette époque on employait indifféremment le titre de sainte et de bienheureuse relativement à Flore.

A quelle époque son office a-t-il été inséré dans le bréviaire? nous l'ignorons. Nous ne le trouvons pas dans le propre cadurcien publié en 1715 par l'autorité de Henri de Briqueville de la Luzerne; mais nous le trouvons dans le bréviaire cadurcien imprimé à Paris en 1746, par ordre de Bertrand Duguesclin, au cinq octobre, par une simple commémoraison avec oraison commune d'une vierge sous ce titre : *Commemoratio*

---

(1) C'est le témoignage que lui rend Châtelain, auteur du martyrologe universel; voir la dissertation préliminaire des Bollandistes à l'article Mme de Cardailac.

sanctæ Floræ virginis, *hospitalis Belli-Loci*, *ordinis sancti Joannis Jerosolymitani*, *in territorio cadurcensi*. Voilà où en était le culte de sainte Flore en 1793.

SES RELIQUES. — Dieu voulut honorer la mémoire de sainte Flore, en lui accordant dans une certaine mesure la grâce de l'incorruptibilité corporelle. En effet, le corps inanimé de Flore en l'année 1347, au moment de sa mort, parut entouré d'une auréole lumineuse et répandit une odeur embaumée de lis et de roses.

En l'année 1360, le 11 juin, treize ans après sa mort, lorsque ce saint corps fut levé de terre, par l'abbé de Figeac, Géraud de Lentillac, il répandit l'odeur la plus suave.

En 1693, c'est-à-dire à l'époque des Bollandistes, voici la description que nous a donné de ses reliques Hugues Amadieu, témoin oculaire : « Quant à la très- » pieuse Flore, près du grand autel, du côté vul- » gairement appelé côté de l'épître, à dix ou douze » pieds au-dessus du pavé de l'église, on voit adossée » à la muraille une châsse de bois, convenablement » ornée au-dehors, dans laquelle sont respectueuse- » ment placés les ossements de cette vierge ; ils ne » conservent pas l'ordre naturel du corps humain, mais » ils sont irréguliérement entassés, plusieurs manquent ; » ils ont été transférés ailleurs par un motif de piété. » Les cheveux sont encore adhérents à la tête, autour » des tempes on voit encore la bandelette blanche de lin » aussi fraîche que le premier jour ; cependant elle y

» est depuis le jour de sa sépulture, c'est-à-dire depuis
» l'année 1347. » — Ainsi s'était conservé ce saint corps
pendant 346 ans, d'après le témoignage des Bollandistes.

Quelques années après, nous trouvons un autre témoignage bien précieux dans la *Vie de Galiote* de l'an 1702.

L'auteur de cette biographie s'exprime ainsi : « Le
» corps de sainte Fleur, religieuse du monastère, est
» élevé dans une belle châsse, à côté du grand autel,
» au-dessus de la grande grille et de la porte du confes-
» sional, les tableaux en nombre, les ornements riches
» et le service divin y marquent beaucoup de dévotion
» et de grandeur. »

(*Vie de la vénérable dame Galiote de Sainte Anne
de Gourdon, Genouillac, Vaillac*, etc. — Manuscrit de
la bibliothèque Sainte-Geneviève, Paris, chap. 9, livre
III. — Manuscrit du Lycée de Cahors, page 243.)

Ces saintes reliques se conservèrent dans cet état
jusque vers la fin de 1792. A cette époque néfaste de
notre histoire, le corps de sainte Fleur était encore
dans la chapelle du couvent, dans la même châsse
élevée au-dessus du sol, du même côté de l'épître, les
cheveux étaient encore adhérents à sa tête; tous les ans
on y faisait une grande fête, on y exposait ses saintes
reliques enveloppées dans une soie rouge.

Tel est le récit des vieillards, que j'ai recueilli de
leur bouche en 1859, avant de connaître le travail des
Bollandistes : la vérité est toujours d'accord avec elle-
même.

C'est dans cet état que se trouvaient les reliques de sainte Flore, lorsque la terrible révolution de 1793 éclata. La paroisse d'Issendolus avait alors pour curé un respectable prêtre, M. Sasmayoux, qui refusa le serment schismatique et fut chassé du milieu de son troupeau, entre le 15 et le 28 septembre 1792. (1) . La régularité et la ferveur florissaient dans le monastère depuis la réforme de Galiote de Vaillac ; la charité des bonnes dames est encore profondément écrite dans le cœur des pauvres du pays. Mais enfin la tourmente révolutionnaire, comme un ouragan dévastateur, vint se ruer sur ce saint asile. Madame de Lanzac était abbesse du monastère ; les pauvres sœurs furent violemment arrachées de leurs cellules, elles ne voulaient pas s'éloigner de ces murs où elles avaient passé des jours si heureux dans la paix et la joie du Seigneur ; elles se jetaient aux genoux des pillards qui les chassaient, elles les suppliaient de prendre tous leurs biens, mais pour unique grâce de les laisser à l'abri des murailles de leurs cloîtres. Ces hommes sans pitié ne daignaient pas les écouter et continuaient leur œuvre de destruction sacrilége. Quelques-unes d'entre elles étaient infirmes ou malades, on les jeta inhumainement sur la voie publique : plusieurs

(1) (Voir les registres de la commune d'Issendolus). Le dernier baptême de M. Sasmayoux est du 15 septembre 1792. Le premier acte de M Surgier, aumônier du couvent, et obligé en l'absence du pasteur légitime de prêter le secours de son ministère, est du 28 septembre 1792. Le dernier de ses actes est du 26 décembre. Le premier de la commune et du 5 février 1793.

appartenaient à des familles qui avaient émigré, où dont les membres avaient péri sur l'échafaud ou gémissaient dans les fers, privées de toutes ressources, elles furent obligées de demander asile et subsistance aux pieux fidèles de la contrée. « Alors commencèrent ces scènes d'horreur dont le récit épouvante encore après tant d'années : le marteau démolisseur s'abattit sur l'hospice, comme aussi sur le couvent et sur la chapelle ; tout fut pillé, profané et dévasté, et pour que rien ne manquât à ce drame lugubre, les restes sacrés de Flore furent livrés aux flammes, sur le seuil même de cette maison toute resplendissante encore de l'éclat de ses vertus et de ses miracles, à cette même place où elle avait accueilli avec tant de bonté les pauvres et les voyageurs, où ses mains s'étaient si souvent ouvertes pour répandre dans le sein de l'indigence les trésors de la charité. » Mais le feu ne pouvait brûler ces ossements sacrés, la tête virginale de Flore roulait toujours du milieu des flammes ; rendus plus furieux par l'impuissance des éléments contre Dieu, ils la rejetaient dans le feu en poussant d'horribles blasphèmes. Le feu respecta même les blonds cheveux de Flore, qui n'avaient jamais servi d'appât à la vanité. Heureusement, au milieu de cette tourbe de scélérats, se rencontra un homme de bien qui passait par hasard, il assistait avec douleur à cet horrible drame, il s'empara de cette tête sacrée, la conserva avec respect, et la déposa au monastère de la Visitation de Saint-Céré (1) Les autres

---

(1) Voir pièces justificatives nº 13.

ossements furent dispersés, et se répandirent, comme un précieux trésor, dans les familles chrétiennes de la contrée. C'est en pleurant, qu'un vieillard me racontait ces affreuses scènes, dont il avait été témoin. Une parcelle de la tête de Flore et de ses cheveux, reconnue authentique en 1866 par Monseigneur Grimardias, évêque de Cahors, est déposée dans l'église d'Issendolus.

Ainsi fut détruit le monastère de l'Hôpital-Beaulieu, fondé en 1235 ou 1236, il avait duré environ 556 ans. Les reliques de sainte Flore ou Fleur déposées dans un lieu éminent de la chapelle le 11 juin 1360, jetées dans le feu vers la fin de 1792, avaient reposé dans le lieu saint, entourées de la vénération publique, pendant environ 432 ans.

Mais Dieu est éternel et ses œuvres sont durables ; du haut du ciel il se rit des vains efforts des hommes. La religion un instant ébranlée en France par la persécution, purifiée par l'échafaud, reparut bientôt plus belle. Les églises fermées par la terreur se rouvrirent. Les hommes sanguinaires qui avaient accompli l'œuvre du mal ont paru devant la justice de Dieu, et leur nom est demeuré en exécration sur la terre. Que Dieu daigne leur pardonner ! Le monastère de Beaulieu ne s'est pas relevé de ses ruines, mais d'autres, animés du même esprit, l'ont remplacé dans sa double fin de charité et de prière.

La gloire et le culte de sainte Flore ou sainte Fleur, ont survécu à la ruine de son monastère, son souvenir est demeuré vivant et en honneur à l'Hôpital-Beaulieu.

Aujourd'hui encore, on se plaît au baptême à donner le nom de Fleur ; on l'invoque dans les orages avec sainte Barbe contre la foudre.

Voici la prière populaire :

« Sainte Barbe, sainte Fleur »
« La couronne de Notre-Seigneur. »
« Tant que le monde vous priera »
« Jamais la foudre ne tombera »

Cependant, bien des causes tendaient à effacer la mémoire de l'illustre vierge, si Dieu n'y eût veillé : le monastère était détruit, l'ordre de Saint-Jean de Jérusalem anéanti, les exemplaires de sa vie avaient disparu, le diocèse de Cahors n'avait conservé d'elle pour tout souvenir qu'une simple commémoraison dans son culte. C'est alors que Dieu admirable dans ses saints, se préparait à la tirer de cet injuste oubli, en ouvrant pour elle une ère nouvelle. Le 18 novembre 1852 un décret du Saint-Siége approuvant le Propre de Cahors, approuve aussi l'office de Flore, sous le rit semi-double, avec le titre de sainte. Ainsi 505 ans après sa mort, son culte est solennellement approuvé par notre Saint Père le pape Pie IX, à la prière de l'évêque de Cahors. Peu de temps après, le diocèse de Saint-Flour réclama la même faveur, et le 29 avril 1858 un décret du Pape Pie IX a étendu à tout ce diocèse le culte solennel de sainte Flore. Trois ans après, en l'année 1861 les fidèles ont pu de nouveau venir se prosterner aux pieds des reliques de notre sainte. Un os presque entier du tibia de la jambe avait été sauvé en 1793 par Angélique Bro,

7

sœur converse, native de l'Hôpital, et conservé par elle de concert avec l'aumônier du même monastère, M. l'abbé Surgier, prêtre fidèle. Ces restes précieux m'avaient été remis en 1859, entourés de tous les caractères d'authenticité désirables, reconnus authentiques par Mgr Bardou en 1861, renfermés dans une châsse en bois doré, munis des sceaux de l'évêché, et de l'approbation épiscopale : ces restes sacrés furent exposés à la vénération publique, pour la première fois depuis 1793, dans l'église paroissiale d'Issendolus, pendant toute l'octave de la Toussaint (1861).

Depuis lors, le culte rendu à sainte Flore a fait des progrès rapides ; chassée de son monastère par la révolution, sainte Flore a trouvé un asile dans l'église paroissiale. Une chapelle lui a été consacrée dans l'église d'Issendolus, sa paroisse d'adoption ; une statue de grandeur naturelle, sortie des ateliers de M. Virebent, de Toulouse, un hôtel en marbre blanc de Carare (Italie), œuvre de M. Bergès aîné ; enfin, des vitraux peints, travail de M. Gesta, sont venus embellir les lieux où reposent ses ossements sacrés. Tous les ans, le 5 octobre et pendant toute l'octave, ses reliques sont publiquement exposées à la vénération des fidèles.

Je finis en adressant à sainte Flore la prière si long-temps répétée à l'Hôpital-Beaulieu en son honneur :

PRIÈRE.

O Dieu, qui avez daigné conduire au ciel votre bienheureuse vierge sainte Fleur, nous vous prions, par ses mérites et ses prières, de nous pardonner nos péchés, de nous défendre dans nos périls, de nous délivrer de tous nos ennemis visibles et invisibles, et de nous faire la grâce de penser souvent aux choses célestes. Par Jésus-Christ Notre-Seigneur. Ainsi soit-il.

Les litanies qui suivent ont été composées par M. Bouange, en 1863 ; elles pourront contribuer à nourrir la piété du lecteur:

LITANIES

En l'honneur de sainte Flore, vierge de l'Ordre de Saint-Jean de Jérusalem de l'hospice de Beaulieu en Quercy.

Seigneur, ayez pitié de nous.	Kyrie eleison.
Jésus-Christ, ayez pitié de nous.	Christe eleison.
Seigneur, ayez pitié de nous.	Kyrie eleison.
Jésus-Christ, écoutez-nous,	Christe audi nos,
Jésus-Christ, exaucez-nous,	Christe, exaudi nos,
Père céleste, qui êtes Dieu, ayez pitié de nous.	Pater de cœlis, Deus, miserere nobis
Fils rédempteur du monde qui êtes Dieu,	Fili, redemptor mundi, Deus,
Esiprit saint qui êtes Dieu,	Spiritus sancte, Deus,
Trinité sainte qui êtes un seul Dieu,	Sancta Trinitas, unus Deus,
Sainte Marie, priez pour nous,	Sancta Maria
Sainte vierge des vierges,	Sancta Virgo virginum,
Saint Jean-Baptiste,	Sancte Joannes Baptista,
Saint Julien, martyr du Christ,	Sancte Christi martyr Juliane,
Saute Flore,	Sancta Flora,
Enfant bénie de Dieu des plus riches bénédictions,	Infans à Domino benedictionibus dulcedinis ditata (Ps. 20).
Joie de vos pieux parents,	Piorum parentum gaudium,
Sanctuaire de l'innocence,	Sacrarium innocentiæ,
Parfum d'oraison,	Thymiama orationis,
Très-douce colombe,	Colnmba mitissima,
Contemptrice du monde,	Mundi contemptrix,
Epouse de Jésus-Christ,	Sponsa Christi,
Hôtesse des pèlerins,	Hospes peregrinorum,
Servante des malades,	Infirmorum ancilla,

Mère des pauvres,	Mater pauperum,
Marthe, par le dévouement,	Martha, sollicitudine,
Madelaine, par la contemplation,	Magdalena contemplatione,
Or éprouvé au creuset,	Aurum in fornace probatum (Sap. 3),
Plaintive tourterelle,	Turtur gemens,
Tabernacle de la Croix,	Crucis tabernaculum,
Vase orné des plus précieuses pierreries,	Vas ornatum omni lapide pretioso (Eccl.)
Violette d'humilité,	Viola humilitatis,
Myrrhe de patience,	Myrrha patientiæ,
Miroir de piété,	Speculum pietatis,
Lis de pureté,	Lilium puritatis,
Modèle d'obéissance,	Forma obedientiæ,
Rose de charité,	Rosa charitatis,
Puissante en œuvres et en paroles,	Potens opere et sermone (Eccl.),
Illustre thaumaturge,	In mirabilibus amplificata (Eccl.),
Vous qui avez été miraculeusement nourrie du corps de Jésus-Christ,	Christi corpore mirifice refecta.
Vous qui avez connu votre glorieuse prédestination,	Præmiorum æternorum præscia,
Vous qui avez été revêtue par les anges des vêtements du ciel	Angelicis manibus stolâ cœlesti induta,
Héroïne de sainteté à la fleur de l'âge	Consummata in brevi (Sap. 4.),
Bienheureuse compagne de l'agneau,	Agni comes fortunata,
Lampe étincelante sur le chandelier sacré,	Lucerna splendens super candelabrum sanctum,
Splendeur la plus éclatante d'une noble famille,	Stirpis generosæ decus eximium,
Fleur odoriférante des vallées de l'Auvergne,	Vallium Arvernarum flos suave redolens,
Gloire de la milice de saint Jean,	Sancti Joannis miliciæ gloria,
Joie de la maison de Beaulieu,	Bellilocencis cænobii lætitia
Honneur de l'Eglise de Cahors,	Cadurcensis ecclesiæ honorificentia,
Protectrice d'Issendolus,	Issanduli tutela,
O notre bien-aimée sainte Flore, priez pour nous.	O carissima sancta nostra Flora, ora pro nobis.
Agneau de Dieu, etc.	Agnus Dei, etc.
Jésus-Christ, écoutez-nous.	Christe, audi nos.
Jésus-Christ exaucez-nous.	Christe, exaudi nos.

Antienne. — Grands et petits tous ont accouru auprès d'elle ; et d'une voix unanime ils l'ont préconisée en s'écriant : Vous êtes la gloire de Jérusalem, la joie d'Israël,

Antiphona. — Concurrerunt ad eam omnes à minimo usque ad maximum : et benedixerunt eam omnes, unâ voce dicentes : Tu gloria Jerusalem, tu lætitia Israël,

l'honneur de notre peuple ; aussi serez-vous bénie à jamais.

℣. Elle est chérie de Dieu et des hommes.

℟. Sa mémoire demeure en bénédictiou.

PRIONS.

O Dieu, qui avez daigné conduire au ciel votre bienheureuse vierge sainte Fleur, nous vous prions, par ses mérites et ses prières de nous pardonner nos péchés, de nous défendre dans nos périls, de nous délivrer de tous nos ennemis visibles et invisibles, et de nous faire la grâce de penser souvent aux choses célestes. Par J.-C. Notre-Seigneur. Ainsi soit-il.

tu honorificentia populi nostri ; et ideo eris benedicta in æternum (Judith).

℣. Dilecta Deo et hominibus.

℟. Cujus memoria in benedictione est (Eccl. 45).

OREMUS.

Deus qui beatam Floram, virginem tuam, ad cœlos perducere dignatus es ; ita nos, quæsumus, ejus meritis et precibus a cunctis iniquitatibus et periculis et ab omnibus inimicis nostris , visibilibus et invisibilibus liberes et defendas, ac cœlestia cogitare nos facias. Per Dominum nostrum , etc.

PIÈCES JUSTIFICATIVES.

Nº 1. CHAPITRE PRÉLIMINAIRE. — « Lettres par lesquelles G. prieur
et le Chapitre de Cahors approuvent et confirment la donation y insérée
de *Guillaume*, évêque de Cahors, en faveur de l'hôpital fondé par Guisbert
de Témines, entre les villes de Témines et de Gramat, de la chapelle et
de la paroisse de Sainct-Dolus. »

« Les lettres du prieur et du Chapitre sont du samedi après la Pentecôte 1250, et les lettres de la donation de l'évêque du mois de mars
1250 (1245)

Prior et capitulum caturcense universis Christi fidelibus has litteras inspecturis salutem in Domino. Noverint universi quod nos vidimus, tenui-
mus, legimus et diligenter inspeximus quasdam litteras reverendi patris
bonæ memoriæ domini *Guillermi* (1) episcopi caturcensis non abolitas
non cancellatas nec in aliqua sui parte viciatas quarum tenor continetur
inferius sub his verbis,

G. Dei gratia caturcensis episcopus universis Christi fidelibus præsentes
litteras inspecturis salutem in Domino. Cum nobilis Guisbertus de Theminas..... *suit le texte de la charte, tel qu'il est cité par le Gallia
Christiana . voir pièces justificatives nº 3...* In cujus rei testimonium
præsentes litteras sigilli nostri munimine duximus muniendas. Datum
anno Domini millesimo ducentesimo quadragesimo quinto, mense martii.
Nos vero attendentes piam et honestam considerationem quam prædictus
Dominus episcopus habuit circa donationem ecclesiæ supra scriptæ ipsam
donationem ratam et gratam habuimus et habemus promittentes quod
contra ipsam nullo unquàm tempore veniemus. In cujus rei testimonium
et maximum nos G. prior et capitulum prædicti hiis præsentibus litteris
sigilla nostra duximus apponenda. Datum Caturci sabbato post festum
Pentecôstes, anno Domini millesimo ducentesimo quinquagesimo. Et
scellé en deux endroits.

Extrait et collationné sur une copie écrite en papier trouvé aux archives
des titres du monastère de filles de l'abbaye de l'Hôpital de Beaulieu de
l'ordre de Saint-Jean de Jérusalem au diocèse de Cahors par l'ordre et
en la présence de messire Jean de Doat, conseiller, etc., par moi Gratian
Capot, huissier, etc., etc. Fait à Foix, le 14 novembre 1667. Signé
l'origiual,

De Doat. Capot. »

Manuscrits de la bibliothèque nationale, Paris, titres de Doat, page 133.

N. 2. « Fondation faite par Guirbert de Témines de l'Hôpital situé entre les villes dc Témines et de Gramat, au diocèse de Cahors, pour laquelle il donne plusieurs terres y exprimées du consentement d'Aigline, sa femme, et le contrat scellé des sceaux de Bartolomeus, évêque de Cahors et de Gérald de Malamort, sénéchal du Quercy.

Du mois de mars 1253.

« Hujus præsentis paginæ testimonio cunctis clarum appareat ac etiam manifestum; qnod nos Guirbertus de Theminas nobilis vir catur-censis ad honorem Dei, ejusque sanctissimæ matris Mariæ virginis gloriosæ attendentes quòd Deo servire regnare est et regnum cœlorum pauperum est J. C. pro salute animæ nostræ et omnium parentum nos-trorum et in remissione nostrorum peccaminium quindecim anni præ-teriti sunt et amplius hospitale quoddam situm, in strata publica inter villam de Theminos et de Gramat construximus in terra nostra pro-pria ad servitium pauperum J. C.; quod hospitale de bonis nostris, terris et possessionibus inferius inscriptis dotavimus et perpetuam dona-tionem liberè et purè inter vivos de ipsis eidem hospitali fecimus quam cum hac præsenti carta.

In nomine Domini ipsi hospitali et fratribus et sororibus ejusdem pro se et successoribus suis tibique Joanni Delbroici capellani et rector ecclesiæ d'Issendoluti nomine prædicti hospitalis et fratrum et sororum ejusdem recipienti præsenti die solemniter confirmamus pro nobis et nos-tris successoribus aniversis.

« Possessiones vero et terræ et bona collata a nobis ipsi hospitali ut su-pradictum est sunt hæc videlicet mansus qui appellatur de *Pech Vilausès* cum suis juribus et pertinentiis in territorio cujus marsi dictum fundatun est hospitale et constructum est in parochia ecclesiæ *d'Issendolus* memoratæ. Item mansus *Airebarles* cum suis juribus et pertinentiis et omne jus quod habebumus in manso de *Pech Farinier*, item mansus Braucellis cum juribus suis et pertinentiis. Item terræ seu fasendæ, et jura quod nos dictus Guirbertus acquisivimus in parochia dicta de *Issandoluts* ab hæredibus quondam Vesiani *Bouffat*, videlicet la *bordaria de la Parra Guitardencha et la combe de Camp-Corps* quæ appellatur *devesia et la Combe, et la boria de Solestren* cum suis omnibus pertinentiis et jus quod nos dictus Guirbertus in manso *del Poch* habebamus et pratum et terra quæ sunt *à las barieras* d'Albiac in qua est molendinum et terra quæ est subtus *la cabane de Marses* quæ cohæret cum manso *Meles* , quod pratum et quæ terræ proximo nominatæ sunt in parochia ecclesiæ *d'Albiac*. Cætera vero tenementa et mansi superius nominata sunt in parochia *de Issandoluts* supra scripta : Item sunt hujus donationis *la boria del Bello Plano* cum pertinentiis suis et juribus. Item dominium redditus et jura quæ nos habebamus in manso *de Pi* qui est in parochia eclesiæ *de Issandoluts* prætaxatæ. Item census , dominium et jura quæ nos habebamus in mauso *de Furgosa* sito in parochia *de Bro* Item fasendæ et tenementa et jus et dominium quæ nos habebamus in parochia ecclesiæ Sancti Aniani , videlicet mansus de *la Guarrigua* et mansus *del Perier*, *la bordaria Daudrio* , *la bordaria Guirbertint* et mansus *del Caminat* et mansus *del Sol* et mansus *de la Veissiera* et mansus *del Boich* et alius mansus *del Poich* et mansus *de Lespinasse* et mansus de *Saint Just* et mansus d'Azeiers et domus et orti quæ nos in villa Sancti Aniani habebamus. Item quodam *Airale* seu territorium in villa de Theminis ad construendam domum seu cellarium ad opus ipsius hospitalis.

Item jus et dominium quod nos habebamus in molendino de *Selhols* sito in parochia de *Ruesies*. Insuper concedimus dicto hospitali et fratribus et sororibus eidem præsentibus et futuris tibique capellanoipsorum nomine plenariam et liberam potestatem habendi , tenendi et possidendi integrè omnia et singula quæ in donatione continentur prædicta intrandi licentiam possessiones prædictas et jura propria auctoritate sua tribuentes quam donationem et omni﹢ et singula supradicta nos dictus Guirbertus per nos et hæredes nostros et successores omnes promittimus ad sacrosancta Dei evangelia a nobis corporaliter tacta firma tenere perpetuo et eiam custodire et nunquam contravenire aliquo jure vel aliquo rationis prætextu. Renuntiantes deinde omni legum auxilio , decretorum, decretaliumque suffragio et omni usui et terræ consuctudini generali et speciali quilus omnibus vel aliquo prædictorum nos possemus contra prædicta defendere vel tueri et non fecimus nec unquam faciemus, quominus prædicta robur obtineant perpetuæ firmitatis. In cujus rei firmitatem et testimonium et ad habendam præmissorum firmiorem memoriam in futurum, nos dictus Guirbertus præsentem cartam vigilli nostri munimine duximus consignandam et insuper nos Aiglina uxor ipsius domini Guirberti de Theminis per nos et omnes successores nostros laudamus et approbamus in perpetuum et ratam

et firmam habemus donationem prædictam et universa et singula contenta in eadem ut superius est annotatum jurantes, ad sancta Dei evangelia a nobis corporaliter tacta quod ipsam custodiemus et servabimus
perpetuo et contra non veniemus. Acta sunt hæc anno Domini millesimo ducentisimo quinquagesimo tertio mense martio apud dictum
Hospitale ; et nos Bartholomæus Dei gratia episcopus Caturcensis et nos
Geraldus de Malamorte pro illustrissimo domino rege Franciæ in
Caturcinio senescatu et nos consules Figiacenses dicti domini Guirberti
et dominæ Aiglinæ uxoris suæ justis precibus inclinati præsentem cartam
sigillis quibus utimur facimus roborari et muniri in fidem et testimonium
perpetuum omnium præmissorum. Et scellé en quatre endroits avec
cordes de filet pendantes.

Extrait, etc., etc., etc.

Fait à Foix, 14 novembre 1667.

De DOAT   CAPOT.

Manuscrits de la Bibliothèque Nationale de Paris, *Titres de Doat*,
page 196.

Note 3. — Charta Girardi Caturcensis episcopi, quâ Bellilocensi
hospitali à Guiberto de Theminis et Ayglinâ uxore recens erecto et fun-
dato, ecclesiam de Issandolus donat. G. Dei gratiâ caturcensis episcopus,
universis præsentes litteras inspecturis, salutem in Domino. Cum nobilis
vir Guibertus de Theminas, ad honorem Dei et intuitu animæ suæ et
parentum suorum, quoddam hospitale cum quadam capellâ de licentiâ
et voluntate expressâ claræ memoriæ domini Ponti prædecessoris
nostri in nostro diocesi construxisset, in strata videlicet publica quæ du-
cit à castro de Theminas ad castrum de Gramat, et ipsum hospitale de
bonis suis juxta possibilitatem suam satis competenter dotasset, attendentes magnam devotionem ipsius et suæ merita probitatis, amore Dei et ad
magnam instantiam et humilem petitionem nobilis memorati ecclesiam de
Issandolus cum omnibus pertinantiis in cujus parochia est dictum hospitale, communicato bonorum virorum consilio liberaliter duximus conce-
dendam ; volentes quod proventus ipsius ecclesiæ et reditus universi juxta
dispositionem dicti Guisberti quamdiù vixerit, vel dominæ Ayglinæ uxoris
suæ, si Guisbertum præcedere contigerit supradictum, vel post mortem
ipsorum juxta dispositionem præceptoris hospitalis ejusdem in usus hospitalis ipsius integraliter committant ; excepta tamen congruâ portione
quam capellano qui deservierit in eadem de bonis ipsius ecclesiæ volumus

assignari. Verum cum dictam ecclesiam vacare contigerit, volumus quod ad ipsam vacantem, dictus Guisbertus vel domina Ayglina prædicta si præmoreretur Guisbertus prædictus, aut per decessum eorum præceptor dicti hospitalis de consilio fratrum et sororum ipsius hospitalis, nobis vel successoribus nostris clericum præsentet, et præsentatus si idoneus fuerit à nobis vel nostris successoribus instituatur in eâ, et cura animarum ipsius ecclesiæ committatur eidem. Et ne propter inopiam redituum et defectum contingat in futurum quominus in dicto hospitali pauperes possint recipi, et etiam peregrini, et alia exerceri in eo opera caritatis, volumus quod prædicta ecclesia à quæstis et oneribus omnibus quæ jure diocusano, quandoque ecclesiis imponnatur, præterquàm à procurationibus ratione visitationis debitis, sit libera et immunis. In ipsâ vero ecclesiâ in signum subjectionis cathedraticum et synodaticum retinemus. In cujus rei testimonium, præsentes litteras sigilli nostri munimine duximus muniendas.

Datum anno Domini MCCXLV, mense martii. Eamdem donationem ratam habuit capitulum Caturcense anno MCCL. Porro quamvis Guibertus Bellilocense fundasset hospitale sub Pontio episcopo, fundationis tamen instrumentum nonnisi anno MCCLIII conscribi curavit. — 1er vol. *Gallia Christiana. — Instrumenta ecclesiæ Cadurcensis.* Page 47, no XLVII. — Ex manuscriptis Colbert.

No 4 « Donation faite par Aymeric de Godor à Douce, fille de Guirbert de Témines et à l'hôpital que le dit Guirbert avait fai t construire entre les villes de Témines et de Gramat de la métayrie de Diégas et de ses apartenances. De la feste saincte Catherine 1250. »

Universis præsentes litteras inspecturis pro divina permissione Tutellensis abbas salutem in vero salvatore Noveritis universi quod Aymericus de Godor damicellus in nostra præsentia constitutus non vi coactus nec dolo vel fraude ab aliquo circumventus sed spontanea voluntate prout asseruit coram nobis vendidit, donavit et concessit Dulciæ filiæ nobilis Girberti de Teminas et hospitali de Puecuilaugès quod ædificaverit dictus nobilis Girbertus et fecit ædificari inter castrum de Gramat et inter castrum Theminas boriam de Diégas cum omnibus juribus suis quam habet vel haberi potest tam in aqua siteris et prachiera et in molendinari quod in nemoribus, herbis, terris pascuis et cum omnibus pertinentiis suis ubicumque sint expressis vel exprimendis inferius in litteris præsentibus vel prout melius ab aliquo inseri vel intelligi poterunt quocumque modo, quæ boria est prope *le Gosso* et Berengas ex una parte et Sancta Eularia ex altera et est inter *Espanhac* et Grezas pretio mille et ducentorum solidorum caturcensium et pro terra de *Roquefort* quam donaverunt dicta Dulcia et dictum hospitale præfato Aymerico de Godor pro dicta boria de *Diègas* et pertinentiis suis de quibus mille et ducentis solidis caturcensibus et de qua terra de *Roquefort* recognovit coram nobis dictus Aymericus se habuisse et recepisse a dictis dulcia et hospitali gratum suum et renuntiabit exceptioni non numeratæ et non solutæ pecuniæ et ipsa Aymericus divest ieris se dictis boria de Diègas et omnibus pertinentiis suis nobilem Girbertum de supradictis scilicet Guisbertum de Theminas pro dicta Dulcia et hospitali invetivit et voluit et concessit dictus Aymericus quæ dicta Dulcia et dictum hospitali auctoritate propria in possessionem intrent boriæ de Diègas supradictæ et promisit et se et sua obligavit, quod si Guillermus de Godor frater suus peteret aliquid in dicta boria et pertinentiis ejusdem dictis Dulciæ et Hospitali, de ipso vero legitimam in perpetuum facere garentiam et quando prædicta venditio dictæ boriæ de Diègas facta fuit coram nobis Petrus de Godar, clericus, erat præsens et ipsam venditionem voluit, concessit et laudavit expressè et si quaddam jus ibidem habebat illud solvit penitus et quittavit et juraverunt coram nobis dicti Aymericus de Godar et Petrus, fratres, quod dictam venditionem et quittationem et omnia supradicta tenerent inviolabiliter et in perpetuum servarent nec facerent aliquid pro quo possent supradicta in aliquo enervari. Renuntiantes ex certa scientia omni juri scripto et non scripto et expressæ legi per quam deceptis ultra dimidiam justi prætii subvenitur et omni beneficio restitutionis in integram et consuetudini et usui et exceptioni rei vel personæ coherenti et in factum et omni rationi si qua posset venire contra prædicta omnia vel certa alia prædictorum, et nos ad preces prædictorum Aymerici et Petri de Godor, fratrum, præsentis litteras dictis Dulciæ et Hospitali de Pecuilausés dedimus et concessimus sigillo nostro sigillatas in testimonium præmissorum. Datum apud Rupem Amatorem in festo beatæ Catharinæ virginis, anno Domini millesimo ducentesimo quinquagesimo Testes fuerunt præsentes et vocati magistri B. La Vernha et Petrus....... de Gavela, clerici et B. Valeria et plures aliiet scellé avec cire verte, le cordon vert et blanc.»

« Extrait et collationné sur une copie écrite en papier trouvé aux archives des titres du monastère de filles de l'abbaye de l'Hôpital de Beaulieu de l'ordre de Saint-Jean de Jérusalem, au diocèse de Cahors, par l'ordre et en la présence de messire Jean de Doat, conseiller du roi, en son conseil, président en la chambre, etc., commissaire député par lettres patentes de sa majesté, du premier avril dernier, pour faire recherche dans les archives des abbayes et autres communautés ecclésiastiques et séculières de la province de Guienne des titres concernant les droits de sa dite majesté ou qui pourraient servir à l'histoire, faire faire des extraits de ceux qu'il jugera nous..... envoyer aux gardes de la bibliothèque royale par moi Gratian Capot, huissier de ladite chambre, par elle commis pour faire les extraits des titres des archives, etc.

Fait à Foix ce quatorzième novembre mil six cent soixante-sept. »

Signé à l'original.

De Doat

CAPOT.

Manuscrits de la bibliothèque nationale, Paris, titres de Doat, pages 190, 191, 192.

N. 5. « Donation faite par Guirbert de Témines, chevalier, et Aigline sa femme, de l'Hôpital qu'ils avaient fondé entre la ville de Témines et celle de Gramat à l'ordre de Saint-Jean de Jérusalem auquel ils l'assujettissent sous la redevance d'un marc d'argent. Du mois de juillet 1259.

Noverint universi præsentes pariter et futuri has præsentes litteras nspecturi quod Guisbertus de Temenis miles et Aiglina ejus uxor fundatores hospitalis nostri quod est secns stratam publicam inter villam de Teminis et villam de Gramat in parochia ecclesiæ d'Yssandoluts in territorio quod vulgariter appellatur *Pech Vilaugés* bona fide et aliquo dolo non decepti nec coacti nec ab aliquo circunventi pro nobis heredibus et successoribus nostris præsentibus et futuris ea mera libertate nostra et spontanea voluntate pro salute animarum nostrarum et parentum et hæredum nostrorum damus et concedimus pure et libere donatione irrevocabili facta inter vivos Deo et beatæ Mariæ et ordini hospitalis S. J. Hierosolymitani et pauperibus et fratibus dicti hospitalis et vobis fratri Petro Beialdi (Geraldi) recipienti nomine eorumdem hospitale nostrum prædictum cum omnibus pertinentiis suis et juribus universis quæ in præsentiarum possidet habendum, tenendum et perpetuo possidendum cum omui subjectione et obedientia in vestro ordine consueta, ita quod in dicto loco subjectionem, visitationem, correctionem et reformationem institutionem et destitutionem ac obedientiam tam vos quam successores vestros

in fratres et sorores qui ibidem pro tempore fuerint perpetuo habeatis
sicut in aliis domibus ordinis hospitalis et unam marcham sterlinguorum
argenti ad opus dictæ domus hospitalis sancti Joannis Hierosolymitani annis
singulis et non amplius percipiatis et habeatis ibidem pro responsione
in subsidium terræ sanctæ; sicque nos dictus Guirbertus et dicta Aiglina de
prædicto hospitali cum pertinentiis suis universis et juribus et bonis quæ
in præsentiarum possidet et omnes nostros prorsus divestientes et cum
hac præsente carta in perpetuum valitura, vos fratrem Petrum Geraldi
præceptorem domorum hospitalis in caturcinio investimus et quasi de
omnibus et singulis supradictis; præterea dictus pater Petrus Geraldi
voluit et concessit quod nos dictum locum cum omnibus juribus suis et
pertinentiis universis gubernaremus et nobis et fratribus et sororibus qui
ibidem nobiscum sunt quamdiù vixerimus de fructibus et proventibus
dicti loci possemus in necessariis providere. Item promittimus vobis
dicto præceptori quod locum prædictum dimittimus ab omni debito
liberum et immunem et si fortè esset dictum hospitale aliquibus credito-
ribus obligatum nolumus quod propter hæ aliæ domus hospitalis aut
ordinis vestri aut alia bona ordinis vestri aut domorum hospitalis ad hoc
alicui teneantur vel sint alicui obligata nec ipsum hospitale pro aliis debitis
hospitalis aut ipsius possessiones et bona possint alicui obligari nec aliquid
aliud ultra responsionem prædictam solvere teneautur. Item nolumus quod
post decessum nostrum seu alicujus nostrorum hæredes nostri aut eorum
successores ibidem aliquid possint petere vel habere; sed quod præceptor
hospitalis Sancti Joannis in Caturcinio ac major magister ac prior Sancti
Ægidii in Provincia et successores sui de illo possint disponere, instituere
et destituere et ordinare pro suo libito voluntatis sicut de aliis domibus
ordinis supradicti.

Item volumus et concedimus quod post decessum nostrum fratres qui
in dicto hospitali pro tempore fuerint omnes redditus et proventus in usus
suos rationabiliter expendant et de residuæ hospitalitatis pauperibus
J. C. faciant reservata tantummodo pro responsione una marcha argenti
prout superius est expressum; et si quid ultra hoc residuum fuerit
quod expendatur et ponatur in meliorationibus hospitalis prædicti prout
præceptori loci ad commodum et utilitatem loci videbitur impendere, et
quod dictus locus pro debitis hospitalis; sed pro suis tantum ab aliquibus
aliquo tempore non valeat obligari ad hoc et hospitalitas ibidem possit
melius observari, semper tamen in omnibus obedientia ordinis hospitalis.

Item nolumus quod hospitale prædictum aut fratres aut sorores qui ibidem pro tempore fuerint aliquid possint acquirere in terris aut pheudis hæredum nostrorum et hominum suorum mediate, immediate subditorum, sine ipsorum licentià et assensu, in terris et possessionibus dicti hospitalis aut feudis aut infra pertinentias ipsas aliquid possint acquirere aut ab eorum hominibus mediate vel immediate subjectis extorquere siue ipsorum hospitaliorum licenciâ et assensu. Et super hiis omnibus et singulis renuntiamus nos dicti Guirbertus et Aiglina ejus uxor omni ejus auxilio et omni usui et terræ cousuetudini generali : et speciali : et omni exceptioni rationi et defensioni rei vel personæ cohærenti quibus possimus prædicta seu aliquid de prædictis aliqu atenus impugnare : hanc autem donationem nos dictus frater Petrus Geraldi præceptor domorum hospitalis in Caturcinio recipimus nomine sà nctæ domus hospitalis Sancti Joannis Hierosolymitani et pauperum ibidem degentium et reverendi domini nostri fratris Geraldi de *Barats* p ræc eptoris hospitalis et domorum hospitalis Santi Joannis Hierosolymitani circa partes marinas a quo supra hoc mandatum recepimus speciale et prædicta universa et singula laudamus et approbamus pro ipso prout superius sunt expressa promittentes pro nobis et successoribus nostris universa et singula supradicta servare et tenere perpetuo. In quorum omnium prædictorum fidem et testimonium nos dictus Guirbertus de *Thèmines* et nos frater Petrus Geraldi præceptor hospitalis ut dictum est in Caturcinio præsentem cartam et alteram huic similem per alphabetum divisis sigillorum nostrorum munimine duximus consignandam. Acta sunt hæc in camera nova subtus dormitorium monasterii figeacensis anno dominicæ incarnationis millesimo ducentesimo quinquagesimo nono mense julii, videlicet decimo quarto kalendis augusti, præsentibus vocatis et rogatis in testimonium domino Bertrando Dei gratia abbate figeacensi, magistro Andrea de Boisséro, fratre Bertrando de Sonaco, fratre Ugone Canet, Guillermo de Canhac milite, Guillermo et Barascone de Theminis fratribus, Stephano Guillermo et *B. Séguin* et *G. de la Roque* burgense Figeaci, domino Raymundo de Cambolico milite, Guillermo *La Vernhe*, Raymundo *Delfour*, domicellis et *G. Aymeric*, *B. Boiere*, *B Albert*, B. Blavevoso de Figeaco, Gauberto de Polmegas, G. de Casaco et me Petro de Mazaco notario Figeaci qui rogatus hoc scripsi et signum apposui.

Extrait, etc. , fait à Foix le 14 novembre 1667.

Signés à l'original — de Doat — Capot —

Manuscrits de la bibliothèque nationale, Paris, *Titres de Doat*, pages

200 , 201 , 202 , 203 et 204 , le même acte est répété avec des divergences légères.

Note 6. « Lettres de Guillaume de Vilaret, prieur *Sancti Ægidii* de Saint-Jean de Jérusalem, par lesquelles il reçoit *in donatum* Guisbert de Thémines lequel choisit sa sépulture dans le cimetière de l'Hôpital et jure de garder et de défendre de tout son pouvoir les droits et les biens, les frères, les donats et les hommes de l'ordre aux bénéfices et prières duquel le dit de Thémines est admis.

Du mercredi après les Octaves de la Pentecôte 1287.

« Noverint universi præsentes litteras inspecturi quod nos frater Guillermus de Vilareto prior sanctæ domus hospitalis, sancti Joannis, Hierosolymitani sancti Ægidii prioratus, attendentes magnæ devotionis fervorem quæ nobilis vir Guisbertus de Theminis domicellus habet erga domum hospitalis qui jurando ad sancta Dei evangelia corporaliter tacta quæ bona jura fratres donatos et homines semper et ubique suo posse custodiet et salvabit et in hospitalis cimeterio sepulturam elegit suo corpori ad ultimum sui finis ejus pium affectum benevolo considerantes intuitu eumdem spiritualiter in donatum nostrum recipimus et confratrem faciendo ipsum participem in omnibus beneficiis spiritualibus quæ fiunt in universali domo nostro citra mare et ultra videlicet in missis et horis, aliis jejuniis, orationibus, afflictionibus eleemosynis et aliis beneficiis quibuscumque eamdem partem sint et animæ quæ concedentes generalem nostrum quilibet in die stricti examinis consequi præstolatur. In cujus rei testimonium præsentes concessiones sigilli nostri munimine roboratas. Datum Frontoni, die mercurii post octavas Pentecostes , anno Domini millesimo ducentesimo octogesimo septimo promisit ipsius hospitalis. Et scellé, extrait et collationé, etc.

De DOAT — CAPOT. »

Manuscrits de la Bibliothèque Nationale , *Titres de Doat* , page 211.

Note 7. Acte par lequel Guillaume de Vilaret, grand-maistre de l'hospital de Saint-Jean de Jérusalem , accorde à Aigline de Themines, prieure de l'Hospital de Beaulieu fondé par Guibert de Themines et Aigline sa femme, lesquels ayant prin l'habit, y vescurent sous la règle que les sœurs du dit Hospital puissent choisir pour prieure la plus capable d'entre elles à la charge de faire confirmer l'élection au prieur de saint Egide et règle le nombre des religieuses et donne à ladite prieure les lieux y dénommés , se réservant le droit de visite, de correction, d'obéissance et de réformation.

6º Kalendas aprilis 1298.

Avec l'acte de serment de la dite prieure et des autres religieuses, pour l'observation de cedessus.

5º Kalendas aprilis au dit an.

In nomine Domini nostri J. C. amen. Nos frater Guillermus de Vilareto Dei gratia sanctæ domus hospitalis Sancti Joannis Hierosolymitani magister et hmuilis pauperum Christi custos, dum de statu cujuslibet loci in quo nostra viget religio, paternæ sollicitudinis studio cogitamus statum tamen venerabilis loci nostri ordinis videlicet Belliloci, Caturcensis diocesis tanto libentius considerationem nostram expandimus, quanto ferventius inter dilectas nobis in Christo priorissam et sorores ejusdem loci sub habitu et observantia regulæ nostræ religionis erga Deum et ordinem nostrum semper viguit devotionis honestas , resplenduit plenitudo ac servivit veræ obedientiæ promptitudo cum igitur nobilis vir Guirbertus de Theminas et domina Aiglina conjuges , jam defuncti , ob puram reverentiam et devotionem quam erga ordinem nostruur promptis gerebant affectibus ad honorem Dei perpetuæ virginis et salutiferæ crucis , ac beati Joannis Baptistæ prædictum locum Belliloci fundaverunt et ædificaverunt et se in locum prædictum ordiᵢ nostro contulerint perpetuo et concesserint et dedicaverint recipientes̨ cum devotione habitum nostræ religionis et sub eodem habitu et obedientia et observantia nostræ regulæ steterint quod prior prioratus sanctᵢ Ægidii qui tuuc erat et qui pro tempor e esset posse facere, recipere et instituere priorissam et sorores in dicto loco Belliloci viventes, videlice sub obedientia, correctione, visitatione et reformatione dicti prioris Sancti Ægidii et sub habitu et signo et observantia et institutione et regula nostri ordinis supradicti in quo etiam loci Belliloci priorissa et sorores prædictæ processerint laudabiliter in vera obedientia et reverentia Dei et nostri ordinis et in cunctis virtutibus laude dignis , idcirco nos magister prædictus dilectarum nobis sororum Aiglinæ de Theminis priorissæ antedictæ dicti loci Belliloci insti tutæ et aliarum sororum dicti loci supplicationibus nobis humiliter in hac parte p recibus benigniter exauditis habita super hiis deliberatione et consilio diligenti cum religiosis viris fratre Petro Raudulpho, Ruthenensi et fratre Rogerio de Messimo monte Brisonis et venerarium et fratre Ramundo de Aurafica paternarum præceptore, fratre Bernardo Raudi, fratre Thoma Mutenis, capellanis nostris et fratre Rostenerio de Monte alto et pluribus aliis prioribus nostri ordinis capientes easdem priorissam et sorores earum meritis exigentes prosequi honoribus et favoribus gratiosis de speciali gratia per nos et nostros succes-

sores perpetuo concedimus assignamus et ordinamus quod sorores quæ nunc
sunt vel quæ pro temporefuerint in dicto loco Belliloci viventes tamen sub
obedientia habitu signo correctione et visitatione et regula nostri ordinis
mortua priorissa quæ nunc est vel quæ pro tempore fuerit et ejus corpus
traditum ecclesiasticæ sepulturæ, possint infra quadraginta dies sequenti
die promisse obitus priorissæ computandos eligere priorissam loco illius
priorissæ quam decedere contigerit, videlicet de sororibus in dicto loco
Belliloci sub habitu et regula obedientia nostri ordinis viventibus vel in
aliis locis regulæ et obedientiæ et habitui nostri ordinis subjectis si in dicto
loco Belliloci talis soror idonea non possit forsitan reperiri, ita tamen
quod electio celebrari et fieri debeat infra dictum tempus de commu:
concordia omnium sororum dicti loci seu majoris et sanioris partis
earum, scilicet invocata sancti Spiritus gratia et missa in eccelsia solemniter celebrata vel per modum scrutinii ,• vel per modum compromissi, vel
demum alio justo modo quo potest et debet electio celebrari , quam
quidem electionem ad confirmandam priorissam tunc electam a priore
Sancti Ægidii qui pro tempore fuerit seu ejus locum tenente , si dictus
prior non esset præsens , in dicto prioratu infra dictos quadraginta dies
debeant præsentari et si infra eosdem quadraginta dies non elegerint et
electionem priori Sancti Ægidii seu ejus locum tenenti non præsentaverint
volumus et ordinamus quod dictæ religiosæ præsentes et futuræ eligendi
et præsentandi illa vice careant omnimodo potestate et in eo casu
electio et institutio priorissæ et in dicto loco Belliloci ad priorem Sanc
Ægidii qui tunc erit pertineat pleno jure ; item ad evitandam importunam
et importabilem multitudinem sororom ultra ipsius loci proprias faculta-
tem concedimus et ordinamus quod de cætero triginta et novem sorores
tantum morentur in dicto loco Belliloci. Deo famulantes sub habitu signo
regula obedientia et observantia nostri ordinis computatis in ipso numero
sororibus Deo nunc ibi famulantibus inhibentes sub virtute juramenti nobis a dictis priorissa et sororibus præstiti, ne de cætero priorissa quæ nunc
et quæ pro tempore fuerit possit facere et recipere in dicto loco Belliloci
aliquam sororem ultra numerum prædictum nec ipsum numerum augeri
absque nostra vel successorum nostrorum licentia speciali vel prioris Sancti
Ægidii supradicti concedimus et ordinamus quod priorissa quæ nune est
vel quæ pro tempore fuerit quandocumque prædictum numerum in
aliquo deficere contigerit possit ad complendum et perficiendum ipsum
numerum de consilio et assensu omnium sororum in dicto loco sub habitu et observantia et obedientia nostri ordinis commorantium aut majoris partis earum recipere et facere sorores et eis habitum nostrum in-

duere juxta consuetudines ordinis nostri, ipsum numerum nullatenus excedendo. Quodque priorissa quæ nunc est et quæ pro tempore fuerit habeat correctionem obedientiam et reformationem in dictis sororibus præsentibus et futuris secundum consuetudines nostri ordinis quemadmodum prior Sancti Ægidii habere noscitur in suis subditis fratribus et submissis ; si vero dicta priorissa quæ nunc est vel quæ pro tempore fuerit indigeret pro suo aut ecclesiæ vel conventus servitio aliquibus fratribus volumus concedimus et ordinamus quod præceptor domorum nostrorum in Caturcinio ad requisitionem et præsentationem dictæ priorissæ debeat recipere personas ecclesiasticas vel sæculares et eis habitum nostrum juxta nostri ordinis consuetudines dare et eas in dicta priorissæ servitium deputare ; præterea conferimus concedimus et confirmamus eisdem priorissæ et sororibus domos nostras de Martello , de Barbarone, de Fontanis et de Sancta Lebola*quas eis pro sustentatione eorum necessaria concesseramus dum prioris Sancti Ægidii fungebamur officio ; ita et tali modo quod pro responsionibus consuetis dictarum domorum una eum responsione consueta dicti loci de Belloloco viginti et unam libras turonenses per votum solvere ad capitulum Sancti Ægidii annis singulis teneantur, nolentes eos teneri contribuere in aliis impositis seu imponendis talliis seu exactionibus Hospitalis.

Volumus nihilominus et ordinamus quod cætera opera si quæ sint vel fuerint in domibus ipsis teneantur facere et portare et salvis omnibus gratiis et concessionibus supradictis in dictis priorissa et sororibus præsentibus et futuris et in dicto loco Belliloci et ejus universis pertinentiis nobis et nostris successoribus et priori Sancti Ægidii visitationem et correctionem obedientiam et reformationem perpetuo retinemus adjicientes quod si eis prædictis dicta priorissa et sorores deficerent aut contra prædicta venirent quod prædictæ concessiones nullam obtineant firmitatem in quorum omnium testimonium huic publico instrumento bullam nostram plumbeam duximus apponendam. Et nos soror Aiglina de Theminis priorissa prædicta per vos reverendum patrem Dominum magistrum in dicto loco Belliloci instituta et sorores Finia Bonnafossia , sacristana, Galiana de Veteribus Campis , cellareraria , Aymeriqua de Vallibus ; nominibus nostris et aliarum sororum a vobis reverendo in Christo patre nostro Domino magistro prædicto hæc omnia cum debita reverentia in magnum favorem et gratiam recipientes et vobis et vestris successoribus et priori Sancti Ægidii qui pro tempore fuerit in nobis et aliis sororibus præsentibus et futuris et in dicto loco Belliloci et in cunctis ejus pertinentiis perpetuam obedientiam , devotionem , subjectionem , correctionem et reformationem et visitationem recognoscentes et prædicta omnia et singula vera esse confitentes promittimus et juramus in vestris manibus ad sancta Dei Evangelia prædicta omnia et singula attendere et complere et contra ea ullo tempore non venire facere aut dicere contingeret volumus et expresse concedimus quod prædictæ concessiones nunc per vos nobis faciæ sint ipso facto penitus revocatæ.

Acta fuerunt hæc in domo hospitalis de Tronqueria, caturcensis diocesis anno Domini millesimo ducentesimo nonagesimo octavo scilicet sexto kalendas aprilis testibus præsentibus et rogatis domino Guiraudo de Laurensanis presbytero et Jacobo novelli clero Domini magistri et me Giraudo *de Favelh* notario publico in terra Venaissini pro Domino Papa et in comitatu provinciæ Folcarquerii pro illustrissimo domino Karolo Dei grâtia in Hierusalem et Cæciliæ rege et in regis cismarinis hospitalis pro dicto Domino magistro et ubiquè autoritate imperiali quoad instantiam dicti Domini magistri et dictarum Dominæ priorissæ et sororum hæc omnia fideliter scripsi. Post hac vero anno quo supra scilicet quinto kalendas aprilis convocatis ad sonum campanæ more solito in capitulo novo quod est juxta ecclesiam Belliloci prædictis omnibus sororibus dicti loc in præsentia dictæ priorissæ et aliarum sororum quarum nomina superius designantur , in quo capitulo erant congregatæ sorores Aiglina de Doma Helis de Castronovo , cantatrix , Alazaria de Mier., Huga de Canhaco hostaleria , Raymunda de Massanco , Huga de sancto Paidulfo infirmaria , Guillerma de Castronovo , Huga de Cavilla , Bonassias de Ysseps, Maria de Roc , Sibilla Sequeria , Helis Aymeriqua , Riqua de Gouteau , Guillerma de Vallon , Bertranda de Podio , hospitaliaria , Bertranda de Sancto Claro , Arnauda d'*Auriole*, Maria de Fontavilhas Peirata *al pays* de Cioraco, Massabilia de Morlon , *Aisselens Desplas*, Aymerica de Podio Meiano, Bonassias de Mier, Aymerica de Laudonia, Peyrona de Caleis, Peyrona *d'Auriole*, Pevronella Taliafer , Bertranda de Cerra , Eufenia de Lestroa , Delphina de Merle et Reimouda de Golema, omnes prædictæ in simul omnia et singula supradicta eis per me dictum notarium gradatim et per ordinem lecta et exposita cum debita reverentia receperunt et omnia et singula prædicta vera esse recognoverunt et confessæ fuerunt fratri Remundo Raudi , capellano dicti Domini magistri præsenti et recipienti nomine dicti , Domini magistri et dicti hospitalis , promittentes et jurantes omnes et singulæ ad sancta Dei Evangelia prædicta semper tenere et servare et complere et contra non venire dicere vel facere aliquo jure et privilegio vel aliqua alia ratione testibus præsentibus et rogatis Guillermo Gouodonio filio domini Guisberti de Theminis, Gaston de Goutanco et Constantino de Luce et me prædicto notario , quod ad requisitionem dictarum sororum et dicti capituli hæc omnia scripsi fideliter et signo meo signavi , verumtamen dicta priorissa sigillum suum hiis apposuit de voluntate dictarum sororum in testimonium prædictarum et majoris firmitatis , quod quidem instrumentum ego notarius infra scriptus legi , tenui et in romanis verbis exposui per integrum in præsentia testium infra scriptorum requisitus per dictam dominam priorissam pro se et dicto conventu suo , de quibus prædictis lectione et inspectione et aliis prædictis dicta Domina priorissa pro se et dicto suo conventu requisivit me notarium infra scriptum ut concederem et conficerem publicum instrumentum , anno , die et regnante quo supra testibus præsentibus vocatis et rogatis discreto viro magistro Ramundo de Puni clerico et fratre Arnaldo *Bodosquier* et fratre Arnaldo de Felsins ordinis fratrum minorum et fratre Guillermo Vaichiera et Bertrando Dalbroil et me Petro de Genalsaco clerico autoritate regia notario publico qui requisitus per dictam dominam priorissam pro se et dicto suo conventu recepi publicum instrumentum et in hanc publicam formam redegi et signo meo signavi Petrus , *ainsi signé*   PETRUS. »

« Extrait, etc. de Doat , CAPOT » Bibliothèque nationale de Paris, manuscrits , titres de Doat , page 226.

N. 8 « Confirmation du chapitre général faite en l'isle de Cipre — Du 22 octobre 1301 »

Confiamatio fundationis per capitulum generale in insula Ciprian 1301

In nomine Domini amen. Anno incarnationis ejusdem millesimo tre. centesima vigesima secundo decimo tertia die mensis februarii indictione sexta, pontificatus sanctissimi patris et Domini nostri Domini Joannis divina providentia papæ vigesimi secundi anno septimo. Noverint universi et singuli præsens scriptum sive transcriptum publicum inspecturi quod in præsentia mei notarii publcii et testium subscriptorum personaliter constituta religiosa domina Bertranda de Sancto Claro soror monasterii hospitalis Belliloci diocesis caturcensis ordinis Sancti Joannis Hierosolymitani subpriorissa dicti monasterii pro se et couventu ejusdem monasterii exhibuit et præsentavit mihi notario infra scripto quasdam patentes litteras reverendi in Christo patris fratris Guillermi de Vilareto Dei gratia sanctæ domus hospitalis sancti Joannis Hierosolymitani magistri quoudam humilis et pauperum Christi custodis et couveutus domus ejusdem bulla plumbea communi dicti domini magistri et conveutus ejusdem in filo canapis more solita bullatas ut prima facie apparebat non vitiatas nec concellatas, quarum quidem litterarum tatis tenor est.

Noverint universi præsentes litteras inspecturi quod frater Guillermus de Villareto Dei gratia sanctæ domus hospitalis Sancti Joannis Hierosolymitani magister humilis et pauperum Christi custos et nos conventus domus ejusdem attendentes compositionem factam et initam inter nos prædictum magistrum ex una parte et dilectas nobis in Christo sorores Aiglinam priorissam et omnes sorores et singulas monasterii Belliloci caturcensis diocesis nostræ domui subjectas, nec non immunitates et gratias quibus nos idem magister pensata regulari et devota observantia quam in eodem monasterio multis argumentis probabiliter florere novimus ipsas priorissam et sorores prosecuti sumus juxta formas et rationi et æquitate consonas et oculis divinæ majestatis acceptas ea sint plene expressa et contenta sunt in instrumentis, conventionibus ordinationibus et conditionibus in ipsis inclusis ratificavimus, approbavimus, confirmavimus, laudavimus, emologavimus in nostro generali capitulo Limocii in regno Cipri anno Domini millesimo trecentesimo primo vigesima secunda die mensis octobris celebrato eas et earumdem quemlibet gaudere voleutes illæsa et irrevocabili firmitate. In cujus rei testimonium bulla nostra communis plumbea præsentibus est appensa Datum die loco mense anno præfixis *et scellé en plomb,* quasquidem litteras et omnia et singula in eis contenta dicta priorissa pro se et couventu dicti sui monasterii Belliloci requisivit per me infra scriptum notarium transcribi et in formam publicam redigi ac signo nostro consueto signari, quod sibi concessi ego infra scriptus notarius quantum pro me ex mei officio et nomine quo supra concedi poterit et debebit.

Acta fuerunt hæc in claustro dicti monasterii anno indictione die mense et pontificatu quibus supra præsentibus religiosis viris dominis et fratribus Helia de Valeta d'*Acier*, Guillermo Alquerii de Bastico, domorum, præceptori caturcensis diocesis milite ejusdem ordinis domino Raymundo de Sancto Claro milites, Bernardo de Bizaiolli et Guisberto Guiraudo dominus testibus ad præmissa vocatis specialiter et rogatis. Et ego Bernardus Lespinassa clericus caturcensis diocesis publicus autoritate apostolica notarius præmissæ præseutatæ et requisitæ præsens fui et dictas litteras fideliter transcripsi nihil addendo vel minuendo quod mutet sensum vel vitiet intellectum et in hanc formam publicam redegi signoque meo quo utor in dicto notarii officio signavi per dictam subpriorissam rogatus et requisitus. »

« Extrait, etc. de DOAT. CAPOT. » Manuscrits de la bibliothèque nationale de Paris, *Titres de Doat*, vol. n. 123, page 216.

Nº 9 Le miracle des roses n'est pas rapporté par les premiers écrivains de la vie de sainte Fleur ; il est impossible d'en expliquer la cause. Voici les raisons qui m'ont déterminé a insérer ce miracle dans le cours de cet ouvrage.

1º Jacques Bosio, au XVIIᵉ siècle, parle de ce miracle et du nom qui en fut la suite ;

2º Il est certain qu'on l'appela Fleur-Blanche (voyez Cathala-Coture et Dehons) ; or, cette dénomination prouve le fait de ce miracle, comme l'effet tire sa raison d'être de la cause ;

3º La t adition iocale rapporte unanimement ce miracle ; les vieillards le tiennent de leurs pères ; « On l'a toujours entendu dire ; » ce sont leurs paroles. Or, il me paraît difficile qu'un fait de cette nature ait pu s'établir dans la croyance populaire, au lieu même où cette sainte a vécu, s'il ne remonte pas jusqu'à elle ;

4º Il m'a été remis par une famille de la localité une main tenaut deux roses, qu'on disait provenir d'une statue de la sainte. détruite en 1793, à l'Hôpital ;

5º L'archéologie nous fournit encore une preuve nouvelle à l'appui du miracle des roses. Une statuette d'albâtre, sauvée de la destruction, en 1793 ,par sœur Delpech, des Vignes, village d'Issendolus, rappelle la charité de Flore. Un sculpteur distingué de Toulouse, M. Bergés aîné, croit, d'après l'ensemble du travail, d'après la raideur et la forme des plis de la robe, que cet objet d'art doit remonter au XIVᵉ ou au XVᵉ siècle ; sainte Fleur est représentée dans le costume de son pays natal, les traits expressifs de son visage rappellent le type de l'Auvergne ; ses cheveux forment son unique coiffure ; elle porte le petit mouchoir et la bavette traditionnelle ; de la main gauche elle tient son tablier retroussé à la ceinture et abondamment rempli ; elle porte, appuyée sur la hanche et retenue par le pli du coude de la main droite, une cruche antique en grès. Le sculpteur a parfaitement saisi le costume et les usages de Maurs, car, même de nos jours, les femmes du peuple ont l'habitude de porter leurs cruches pleines d'eau d'une manière absolument semblable. Le sculpteur a représenté encore sainte Flore comme hospitalière de Saint-Jean, dans une fonction de charité ; mais pourquoi la représenter ainsi dans l'exercice de fonctions communes à toutes les sœurs du monastère, si dans la vie de notre sainte on ne trouvait aucun fait de charité, dont le souvenir lui fût particulièrement honorable ?

Nº 10. La maladie appelée feu de Saint-Antoine fit de cruels ravages en France et eu Belgique, vers la fin du XIᵉ siècle. Nous trouvons la

description de cet horrible mal dans les chroniques de Sigebert , à l'année 1089. C'était une peste qui consumait an-dedans la malheureuse
victime qui en était frappée ; on tombait en putréfaction avant de mourir;
les membres paraissaient brûlés et devenaient noirs comme des charbons,
et on mourait dans des douleurs atroces , ou bien on perdait les pieds
et les mains , qui se détachaient du tronc , dévorés par la pourriture ,
et on conservait le reste d'une vie plus affreuse que la mort ; plusieurs ,
en outre , étaient atteints en même temps de convulsions nerveuses , qu'
contractaient d'une manière hideuse les articulations du corps.

N° 11. Le texte latin de Hugues Amadieu dit : *Orare pro me* ; ces
paroles sont du *Confiteor*. Le Père Louis de Mesplèdes dit , page 36 :
Orate pro me. Le texte du Père de Mesplèdes paraît plus naturel. On
conçoit en effet, que les extases de la sainte avaient un commencement
plus rationnel vers la Préface , a l'approche de l'élévation, qu'à l'introït
de la messe.

N° 12. Ces miracles se rapportent au temps qui suivit la mort de
Flore. Alors , en effet, les Anglais, sous la conduite d'Edouard III ,
sortirent de l'Aquitaine , qui leur appartenait, écrasèrent par une défaite
sanglante l'armée du roi de France , Jean , près de Poitiers , en l'année
1356, firent prisonniers le roi , son fils Philippe , et autres seigneurs ;
portèrent au loin autour d'eux la terreur de leur nom , et soumirent les
provinces voisines , parmi lesquelles se trouvait le Quercy.

N° 13. M. Sibut de St-Céré , témoin de l'horrible drame que nous
avons raconté s'empara de la tête de sainte Fleur , la conserva avec respect et la déposa au couvent de la Visitation de Saint-Céré, Les religieuses de cette fervente communauté mirent cette précieuse tête avec leurs reliques les plus authentiques , dans la chapelle du monastère. Peu de temps
après la révolution s'abattit sur leurs maisons, elles furent obligées de fuir
à leur tour la tourmente révolutionnaire. M. Sibut se chargea de conserver les reliques du couvent et les autres objets les plus précieux. Ces
divers trésors furent renfermés dans une caisse et déposés dans une cachette , la tête de sainte Fleur fut ainsi sauvée. La tradition de St-Céré
rapporte le fait suivant : Pendant les jours les plus mauvais de la révolution de 1793 , la cachette fut découverte et des scélérats se précipitèrent
pour piller ou profaner les objets déposés en ce lieu ; l'un de ces forcenés
levait la hache pour briser le bois où ces reliques étaient renfermées,
lorsque la porte s'ouvrit d'elle-même. La frayeur s'empara de ces
hommes, ils renoncèrent à leur projet et se retirèrent. Ces reliques sont
aujourd'hui encore au même monastère. Il est à déplorer que ces excel-

lentes religieuses aient divisé cette relique insigne , par motif de piété ,
pour en donner des parcelles aux personnes pieuses qui venaient les visiter , elles ont cependant conservé une belle touffe de ses cheveux et
quelques parcelles assez considérables de sa tête. Je dois ici témoigner
ma reconnaissance à la digne et fervente communauté de Saint-Céré qui
a bien voulu donner à l'Eglise d'Issendolus une part de ses richesses. —
Cependant la parcelle de la tête et des cheveux de sainte Fleur, reconnue
authentique par Monseigneur Grimardias , ne vient pas de Saint-Céré ,
elle était la propriété de M Bergougnoux , curé de Molières , qui a bien
voulu la donner à sa paroisse natale, Cette dernière relique fut sauvée
en 1793 par un domestique de la maison de l'Hôpital, auquel la supérieure l'avait remise, elle était à part dans un reliquaire muni des authentiques. Cette parcelle et celles de Saint-Céré, comparées au microscope
sont identiques.

TABLE

DES MATIÈRES.

9 782329 809588